U0065685

心一堂術數古籍珍本叢刊

書名：增釋地理琢玉斧巒頭歌括（清刻原本）（下）
系列：心一堂術數古籍珍本叢刊　堪輿類　第一輯　90
作者：【明】徐之鏌　原著　【清】張九儀　增釋
主編、責任編輯：陳劍聰
心一堂術數古籍珍本叢刊編校小組：陳劍聰　素聞　梁松盛　鄒偉才　虛白盧主

出版：心一堂有限公司
通訊地址：香港九龍旺角彌敦道六一〇號荷李活商業中心十八樓〇五〇六室
深港讀者服務中心‧中國深圳市羅湖區立新路六號羅湖商業大厦負一層〇〇八室
電話號碼：(852)67150840
網址：publish.sunyata.cc
電郵：sunyatabook@gmail.com
網店：http://book.sunyata.cc
淘寶店地址：https://shop210782774.taobao.com
微店地址：https://weidian.com/s/1212626297
臉書：https://www.facebook.com/sunyatabook
讀者論壇：http://bbs.sunyata.cc/

版次：二零一五年四月初版
平裝：二冊不分售

定價： 港幣 三百八十元正
　　　 人民幣 三百八十元正
　　　 新台幣 一千四百八十八元正

國際書號：ISBN 978-988-8266-91-3

版權所有　翻印必究

心一堂微店二維碼

心一堂淘寶店二維碼

香港發行：香港聯合書刊物流有限公司
地址：香港新界大埔汀麗路36號中華商務印刷大廈3樓
電話號碼：(852)2150-2100
傳真號碼：(852)2407-3062
電郵：info@suplogistics.com.hk

台灣發行：秀威資訊科技股份有限公司
地址：台灣台北市內湖區瑞光路七十六巷六十五號一樓
電話號碼：+886-2-2796-3638
傳真號碼：+886-2-2796-1377
網絡書店：www.bodbooks.com.tw
台灣國家書店讀者服務中心：
地址：台灣台北市中山區松江路二〇九號一樓
電話號碼：+886-2-2518-0207
傳真號碼：+886-2-2518-0778
網絡書店：http://www.govbooks.com.tw

中國大陸發行　零售：深圳心一堂文化傳播有限公司
深圳地址：深圳市羅湖區立新路六號羅湖商業大厦負一層〇〇八室
電話號碼：(86)0755-82224934

四正四隅但見一砂靜焰穴塲注視不移便是仙
師李德眞所云看地之大竅正在此處用也撥砂
之法所以不可緩而忽之也。

東湖主云所撥之砂是坐立砂。非俗云眠地砂也。
但各砂之形宜知如金鐘展誥仙橋等形而所撥
之砂宜講如同一文筆撥在生旺則主狀元富貴
撥在煞洩則主畫工貧絕之類。昔人云砂為龍穴
之用神貴賤不能自主為此言者是大不曉看地
的話正以其不知撥砂法所以不知砂力之大砂

力之巧。故言貴賤非砂自主若知撥砂法非但說

砂為龍穴之用神貴賤唯砂自主且要說砂為龍

穴之用神貴賤唯人是撥何以言之譬如同一亥

龍丙向地此地巽砂高起兄弟翰林彼地巽砂低

平僅僅丁財同此龍向有巽砂則發無巽砂則否

詎非龍與穴之貴賤龍與穴不能自主而唯砂是

主乎非但此也又譬如同一亥龍巽砂地人撥壬

丙局則兄弟翰林人撥亥巳局則寒儒蕩子人撥

癸丁局則盜賊人命貪絕并不拘何龍總此巽砂

撥吉則吉撥凶則凶且分三等豈非龍與穴之貴

賤非但龍與穴不能自主幷砂亦不能自主而惟

撥砂之人主之乎撥貴撥賤由我提調世人何為

輕視吾道也

●●●

問君撥砂如何撥形體情意兩般度形分方員直曲

尖意取縲縲向墳前此四句但講得看字未講著撥

字然撥字先要從看起

● ●

廖氏曰喝砂須用九星推形體自能知太陽一似

覆鐘樣員而高太陰眠弓像員而低金水原來似

發砂四

鳳形三台樣紫炁號貴人。身直頭員天財四腦玉

案體。中低兩頭高。雙腦天馬起。一頭高一頭低平。

腦分明是御屏。正土體也。天罡御傘形。身多皺摺。

孤曜寶庫形最美。倉庫櫥櫃四件其中庫砂較倉

則低而狹小較櫃則高而員飽。燥火龍樓配聚火

格在老山中做祖山。掃蕩原如屏帳開。漲天水星

波浪層湧九變此中來第一長身是高聳最嫌身

朧腫高砂過高而近則壓壓則發遲過高而遠則

砂運遲遲亦不能速發。第二矮體本來低亦須穴

與齋低砂而切近穴場最易發高穴不過二丈近

穴不出三丈最吉者也若五六丈外或十餘丈外

則無力已在平陽田中與穴齊之砂亦有力　第三

肥面容豐滿　唯此等砂有福氣有受用　初不拘長

短大小高低皆要　皆要豐滿　第四瘦貌最清奇崚角不

須疑砂形清瘦雖大貫地畢竟少財　第五聚氣是

聯出磊落突兀崛遠山多雜了　第六合形湊集成

或者是聯名　亦多要巧合　第七破相反是相半面

生痕浪　須知幾步以換形到穴中便不見其破相

玻玉符

第八項○項莫嫌斜○砂脚要渠遮○諸凡竄亂流走之

砂○穴中有砂來遮使立穴場看不見方吉○第九變

來成仰面却從平地現○九星中平面者多好○八十

果然像形○又曰天機喝砂分造化格列上中下又

皆由九變出在人心巧與目明任意立稱名也要

一變有成規須要觸類推○是的砂形傳變原不一○

分富貴賤三科取用莫差訛肥員端正名富局堆

錢如堆穀○果然肥員端正不止于䖝而實貴顯清

奇古怪是貴砂隊仗自榮華貴而不富敧斜朧腫

皆為賊碎頭并破面。即在生旺方亦不發者。又曰

砂中有殺人不知貴賤最難醫。要知不必醫的。若

因醫不得而棄之。便失了大地。仔細消砂殺有八。

射探沖破壓更兼反斷走皆凶。解說與人通。射是

一尖直向穴。當面沖來的。徒配何須說一煞。探是

傍邊射來的。非禍日聯綿三煞。破是浪痕直透頂。

斜山暴露頭做賊不知休二煞。沖是橫來插穴前

溫亂恣遊騁四煞。壓是穴前砂崛起奴僕常欺主。

五煞。反是曲身去向朝離鄉且飄搖六煞。斷是腦

殷砂六

下生橫浪斬首無人塟七然〇走〇是斜身順水飛與

反相同〇遊蕩不思歸八然〇若是真龍與煞合禍福

終須雜以取穴中真氣為主即有煞砂不能避也〇

避凶趨吉最為奇穴上討便宜此雪心賦說則取

前進後退之步量之法也前進後退挨左推右總

是要討便宜而為之〇合之可知砂形有正變吉凶

之異矣〇

東湖主云討便宜之法甚巧但恐趨避太過穴中

脫了真氣有地反做無地此又是知挨星法者之

大病眞氣旣脫砂雖凝侍而壙中冰冷不能發福

所以有覆地靈做地不靈之謂反不如俗術不知

生煞專取脈氣到穴然砂雖然煞而生砂却大生

發也。

蔡氏曰凡向者不難識相親相愛如夫婦此可知

其向之情也背者亦不難識相惡相拒如仇敵此

可知其背之情也廖氏曰大抵砂形不須泥有情

便為貴眞話縱饒秀麗更尖員無意亦徒然穴中

無氣徒然消納可以此二句贈之無意二字改為

巒沙七

理氣二

更向此中分名字名別朝迎與衛侍衛是護龍左右生龍虎案樂四為真統而言之曰衛侍是穴前并兩邊遮斷客山不見面侍在龍虎之切近穴者侍立左右親信之臣較衛更近一步迎是隨龍先出來形勢如揖向墳排朝是迢迢對面拱當面特來休粗蠢上之所言形體情意特為撥砂之大暑只好講砂之大暑撥字不可輕言然位之列于前後左右各有稱名不同所以當從中詢名考實分別吉凶作

無氣二字合之可知砂情有向背吉凶之異矣

何分別

則撥砂于是乎始有準矣故廖氏曰○砂

有朝迎與侍衞四者君須記當面特來名曰朝不

怕遠迢迢穴若真時方出現假時難見面○此言朝

砂也朝吉朝凶未之言也○迎是隨龍向前行○兒穴

回頭迎○此言從龍迎砂○或隨朝山來聚集遠望形

如揖○此言朝上迎砂迎吉迎凶未之言也○侍在穴

前弁兩邊端拱默無言○看砂骨髓語○遮斷客山不

許入森森如竹立○此言侍砂也侍吉侍凶亦未之

記○衞是護龍左右隨生怕凹風吹○本身枝脚為龍

天元文　　發砂八

虎皆在衞中數。此言衞砂也衞吉衞凶。亦未之言。

只將數者撥前砂括盡更無加。此可知四者之名。

所由稱矣。

四般取用朝為首。也有朝水的。也有朝空的。要知禍

福分釐不可謬。有禍有福則要撥了。高低穴法取朝

鍼高應齊眉低應心此句似講案砂案砂該如此取

法朝山則高如嘉賓之來臨。其次衞砂龍虎重左右

拱抱真得用遠迎近侍不可缺皆在四畔齊羅列就

中四訣是真詮細將取忌與君傳

朝迎侍衞圖

燹砂九

朝迎侍衞四者之中。取用以朝為首龍虎次之侍
衞又次之用法詳見下文。在所取則用之在所忌
則棄之。凡砂面前看見用之則可。棄之却不能

東湖主云。當面正來者為朝。迎是朝山兩邊向穴

砂及外龍虎長出去。回頭轉來向穴者皆為迎侍

是穴塲近身侍立者是。衛乃侍山外護衞局內諸

山之山遠迎近侍侍在內衞在外侍是直立竪起

砂衞是團圍包裹砂。四者之中侍最重朝次之侍

砂衞是團圍包裹砂。

● 即貼身龍虎也。

● 論龍虎取逆關左右去水得關闌第二取取相讓彼

● 此和諧為吉相

水自右來倒歸于左宜龍砂長而包虎謂之左逆

關謂之虎讓龍水自左來倒歸于右宜虎砂長而
包龍謂之右逆關謂之龍讓虎下手逆上上手讓
進則吉否則凶

左關虎讓龍

右關龍讓虎

東湖主云左手水來要白虎關收右手水來要青

龍闗收。乃為看地的正規矩。萬不可假借。稍一假借。
則敗絕隨之。不可不慎其效亦最易見。予曾于庚
申年在龍游為徐閣伯徐嶷仲葬尊人地在南山
漈上水是左手來。又當面曲曲朝入從右手出去。
是右闗收水局也其龍從朝山蓋天旗來行至此
幾四十里翻身顧祖收盡源頭水近身右臂緊抱
穴場形如象鼻彎轉插下深澗闗收全局之水朝
山兩扇蓋天旗排開中間一枝文筆透起旗下現
一三台案山案下又生一金印左右二水交合印

下曲八堂右邊即生一山如滿牀牙笏形夾住

來水而玉釜金鐘侍立左手予外立庚山甲向穴

內分金卯向而寅向乙撥寅上金鐘為財祿撥子

上玉上玉釜為官

貴葬畢發仲曰吾

兄弟兩房若何予文人章

曰當代開府者出

在長房汝仲房先

發財第三代後出

撥砂十一

一文武兼才之人歲仲大喜得財在先不意甲子

果得意外大財丙寅拔貢候選知縣在即已長房

丙寅生子係壬子日元與存留地記果相符合云

第三取取馴服高低相稱形和睦第四取取彎抱彎

彎抱穴福堅牢第五取取豐員豐員倉庫爛禾錢第

六取取端秀平步青雲應可就

高不壓穴低不露風曰馴 絕好齒頭 形止不動情

止不去曰服絕好齒頭所撥之砂但求如此而已

形如牛角曰彎 絕精 拱穴護胎曰抱 絕精 肥厚而

不復削曰豐員。絶好砂頭。清純而不臃腫曰端秀

絶好砂頭

東湖主云熟記此段細註。看砂之法盡之巳。

第七取取開脬脬開局內寬閒勝第八取取曜生曜

生貴氣出現真

凡入首頓起主星兩肩垂下。兩枝跌下再起分為

龍虎左右抱穴謂之開脬脬開則兩臂庶不逼壓

內局方不促狹故古人曰龍虎不宜逼促龍虎須

要開脬是也凡左右龍虎兩砂肘外生出枝脚或

潑砂十二

山或石。不拘尖員飛舞形狀謂之生曜。曜不虛生。乃龍家貴氣之餘發洩于左右者也故古人曰虎有爪牙威始壯龍無馘角物非神馘角爪牙形體現秀靈鍾孕不凡人此可知龍虎以生曜為貴也

總圖
端秀
豐員
彎抱
馴服

開胖生曜圖

東湖主云生曜二字據本註龍虎肘外生出枝脚
及所圖曜砂皆倒地砂也倒地之砂不能發秀唯
龍虎身上生峯如戧角如爪牙秀乃可發故雪心
賦云最喜者龍虎峯上生峯又云城上星峯卓卓
真如插戟護垣此為戧角爪牙二義世人不信但
看人家舊地青龍平平彎抱白虎稍覺尖起即貴
在小房白虎平平彎抱青龍稍覺尖起即貴在長
房竪起之砂不必參天之高但于平伏中稍起數
尺便是況戧角爪牙之晶彩奪目者乎

第九取過案就身生福倍算。

凡山有案便吉。若得本身龍虎過案。其福力更重。

卜氏云外鎖千重。不如近身一案是也。

東湖主云外鎖之砂離穴。終遠近身之案最親切。

最緊要容砂為案。氣暖福快。若是本身生出回抱。

其力不假他人故加倍重。

第十取兼全左右不全借水纏。

常法雖以龍虎兼全為吉變之則有龍無虎有虎

無龍借水為砂亦吉。萬萬借不來的。卜氏曰或有

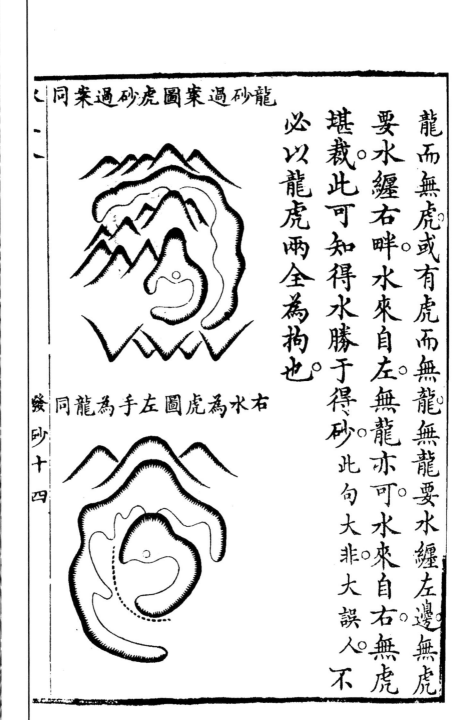

龍而無虎或有虎而無龍無龍要水纏左邊無虎
要水纏右畔水來自左無龍亦可水來自右無虎
堪裁此可知得水勝于得砂此句大非大誤人不
必以龍虎兩全為拘也

龍過砂案圖虎過砂案同

右水為虎圖左手為龍同

駁砂十四

東湖主云。水纏勝于山纏。此話大謬。常見水在左
則長絕水在右則小絕水之不及砂也遠甚今以
嚴陵沈塢蔣宅地言亥龍丙向來龍艮峯高聳係
生氣故壬戌年葬乙丑即生貴人辛卯拔貢仕至
山西道御史辛卯生子現為太守者卯上金星雖
止旺神却亥為震納亥為母本卦砂起得
力最重非若外卦之旺神可及也向上丙午水朝
來犯火燒吐血兩弊觀此圖則水來右邊無虎亦
可。水注右手則富在小房之說可証其非已。

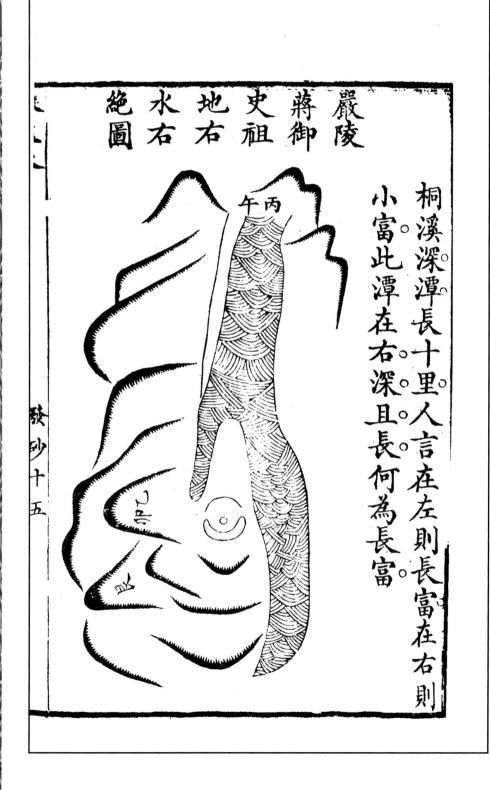

嚴陵

蔣御

史祖

地右

水右

絕圖

午丙

發砂十五

桐溪深潭長十里人言在左則長富在右則

小富此潭在右深且長何為長富

然則救之之法何如。大凡青龍彎抱穴場。又且緊

簇白虎止有

水遠過水去。

方有山即有

亦低亦遠如

上沈塢蔣地。

右手雖有深

潭沈蓄小房。

必敗若青龍抱穴稍寬。白虎水邊山即高起去穴。

稍寬　　緊夾

右邊水三

房絕喜水

邊即起高

山夾穴三

房可救若

稍遠開即

不及已

甚近小房乃吉即不然過水不能有山或在本身

起一小墩遮住水不見小房亦吉

左實
右虛
圖式

左虛
右實
倣之

右邊水大有小墩遮三房可救舉右知左

再評忌忌水順●順●大勢關闌局可定。

水順者。水倒左而龍短虎長。水倒右而虎短龍長。

俱謂之順關是也。但左右既已順去在外砂又無

關闌則水去風來斷主不吉若內局龍虎一砂雖

順得大勢有山以關收之。則雖順而不以為害亦

堪取穴。不可以其順而棄之。

東湖主云此等地究竟發得遲且一發便衰不能

悠久無奈世人多以其冠冕而喜之。

龍順
有關
虎順
有同

虎順
龍順
無關
無同

第二忌忌砂短砂短吐舌氣便散第三忌忌直長直
長應知欠好堂。
龍虎護穴止取得宜母太短縮母太直長短縮則
護穴不過名為元武吐舌又名漏胎卜氏曰龍虎
護穴不過穴則為漏胎是也直長則元辰流出當

去
來

去
來

發砂十七

吐舌圖

面潮水不入口。斷然明堂不好風水口義云龍虎

兩宮不用長長來定沒好明堂是也。

直長圖

東湖主云龍虎護穴不過穴則為漏胎此話深為

有理然予曾在浦江縣見張宅鶴爪形祖地則又

不以漏胎為嫌入首星辰沖天木星天盤格之正

是辰龍立甲山庚

向應二房發甲左

砂坤上起尖甚遠

右砂乾方稍清差

近擄此巒頭看來

坤砂遼遠生氣不

接固宜貧絕而三

房亦不及仲房止

得丁財者何也以

撥砂十八

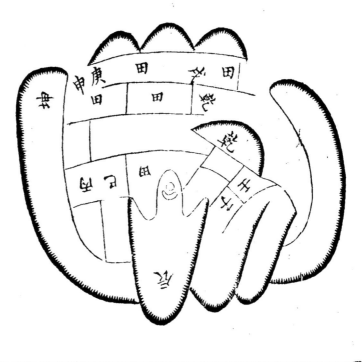

乾坤相較季固愈于孟而以辰乾相較則季房之
遠。又不若仲房之辰整肅秀美緊蓋穴場之親而
切也況乾砂形體不甚光澤近來又多裁木植以
蔽之宜漸衰弱已坤在青龍頭勢吊入二房故發
甲皆在未年左脇巳丙水右脇壬子水朝山左來
庚申水右去戌乾水以甫星水法斷之長房亦應
敗絕二房富貴鶴爪之形中長左右短視之礭肖。
第四忌忌齊到胃肉相殘福漸耗第五忌忌反肘家
敗傾囊無一有。

左右龍虎得其一長一短一先一後互相推讓為
吉若齊來齊關主兄弟骨肉相傷傾家喪業反肘
者左右兩砂不相環抱砂臂番內砂嘴向外主家
囊敗盡分文不留之應

齊到圖

反肘圖

東湖主云休寧縣八龍塢宋丞相程珦祖墳螳螂

癸砂十九

捕蟬形內堂元辰傾出外堂右水倒左田中生一

黑色石如蟬近左腳辛龍起頂扦左肩肩井穴正

視石蟬戌山辰向左右俱反肘 穴中不見確似蝗

蟬用辛丁乙作催官後龍芎藥枝辛頂精潔有光

彩頂前生一坪寬三

丈餘橫長二十丈假

穴皆葬坪中左右毫

無護砂風吹顯露真

穴在肩下則肩上高

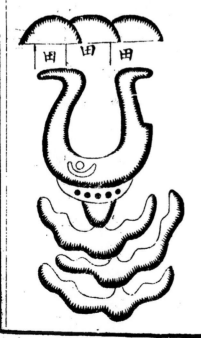

起風不吹着而坐穴中靠左脚以視蟬最親切最
巧肖如螳螂一眼觀定之象陰龍陽向奇哉
第六忌忌低缺低缺低缺風來斷夭折
穴高而砂太低曰低有砂而或凹缺曰缺砂低則

圖低虎龍

左　右　凹　圖

八風交吹凹缺則賊風來射主少年夭折之應撥

發砂二十

砂云龍虎若然陷與低。半紀喪却少年兒。噫亦可畏矣。這話甚準。

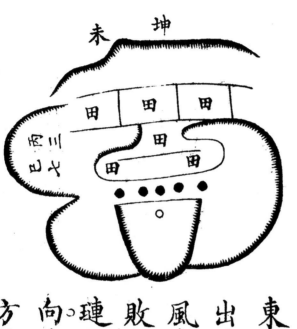

圖興復折天凹左

東湖主云。義烏縣墩頭出樓連祖地。青龍缺四。風來吹胸。故在下平地敗穴皆正受風吹者也。連祖穴繫頂龍氣讓風向胸前吹過畢竟其父方姓早凶。隨母嫁樓即

姓樓也而幾絶復發翰林者以山斷了再起太陽

金精彩放光在七巳三丙間也隨即貧困者丙砂

為祟也而璉因草永樂篡位詔畢而自縊者以前

山未煞動故也　又云缺四之病人所易知犯者

猶少空遠低陷病俗術無知人家暗受其害而不

覺播毒最深空者全無護砂也遠者雖有護砂而

離穴遠也低陷者護砂雖云近穴却低三四尺也

低至丈餘者為害更慘凡見舊地無不消敗述不

勝述今以存記為將來證驗者言之無錫龍山擔

溝墈富宅新地余為之記云凡山地最忌空遠低

陷諺云左空兮長先絶右空兮季零丁朝坐空曠

二五難興雖云俗

談其驗如神此地

左水流空全無關

鎖犯左空病一右

手雖有小山遠而

無力犯右空病二

凡地最喜案却要

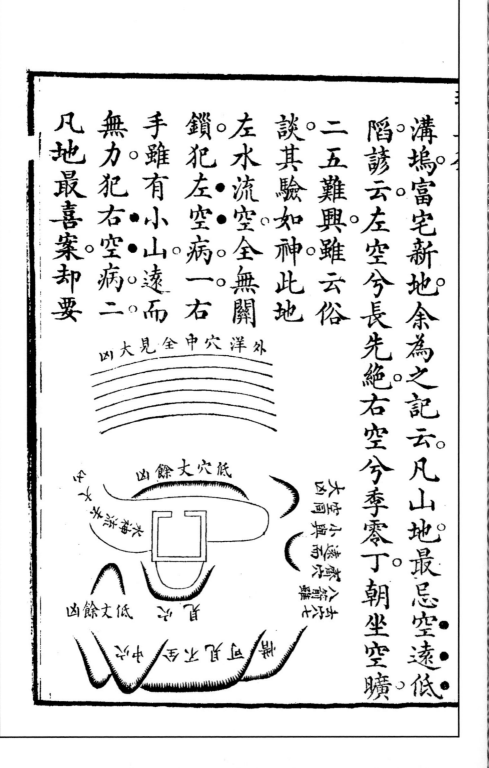

高應齊肩低應心此案低穴丈餘洞見外洋犯朝

空病三若用此地八九年間長房消敗十五六年

敗及三房并及仲房唯男棺之五房女棺之二房

稍存窮丁若將近二十年叩天之福保世滋大願

將此圖此記刻揭通衢以鳴訛言之罪可也因嘆

曰哀可憐衰可憐世間瞽術真茫然吉凶禍福無

分曉害得東家顛倒顛

第七忌忌高壓人丁敗絕鰥寡煞第八忌忌尖利尖

鑣利刃凶禍器

大匠人

高壓圖

尖利圖

龍昂謂之嫩主虎高名曰御尸是二者總為僕来
欺主主丁口敗絶之應龍虎尖利謂之帶煞虎帶
尖利謂之張牙主凶禍不息骨肉相殘之應

東湖主云龍昂則長子發福虎高則幼子興隆處
處皆然唯高昂内帶有煞氣便發福中多凶禍嫩

主卿尸之說不應予曾于蘇州竹塢內見白虎砂

高昂之地出文震孟狀元發在小房時戊寅之春

同楓橋戈昭度宿東龍池看地燈下昭度詢曰寅

甲龍何如予曰寅甲龍該中昴甲昭度曰此過山

去竹塢出文相公地果是寅甲龍予曰文震孟壬

戊狀元應該右手白虎乾砂高卓發在小房昭度

曰未到其地即知其砂地固如是一定無游移者

乎予曰若非一定何由禍福可以預知次日過山

果見其墳入首龍寅甲雙到坐艮向坤主山寅艮

插天左手青龍巳丙砂稍遠。其兄亦發一榜右手
白虎果一高大太陽金巒炤穴塲居七亥三乾之
位衆乃心服予據此砂論七亥三乾正合俗用雙
山五行為木局長生之地則狀元應在未科今成
年中者分明乾亥同宮之理不驗而戌乾同宮之
理驗矣予看此齒頭喫緊得力處全在龍身頂上
之寅砂拱起所以壬戌中元若單靠七分之亥止
吊得未未年雖中不能鼎甲鼎甲之中力實在乾
況撥砂法中衆遠特近亦特在虎砂唯是戌乾同

宮○寅○申同宮之理有準所以太歲既臨○戌也三方

吊起○寅也○即便高捷然亦必流年逢壬戌其次甲○

戌方能中元若丙戌庚三戌便非乾卦所納入相

則有之未必元也○壬納在後三○爻壬戌是本爻甲

在前三○爻故次之○觀常州白家橋壬子砂起必壬

子丙子中者做尚書餘三子中者便不能可知已○

然則今日時師與各地理書用天盤之乾亥艮寅

巽巳坤申同宮之雙山五行何不用人盤之戌乾

丑艮辰巽未坤同宮之雙山五行為有準也昔徐

試可先生羅經。
改中針人盤為
縫針外盤未解
其故今從巒頭
中屢試屢驗而
後知之。

今將山頭考驗人所易知易見之地節取數處。

平地無闕闕

乾三兼亥
在乾甲力
中元之力

示知同人以便舉一知百。

姑蘇觀山嶺內銅井繆彤祖墳坤峯起丁未狀元。

無錫太湖邊姚彎泰鐵祖墳坤峯起乙未會元探

花坤砂在右手應三房發殊右手近穴無砂不

能遙接坤砂遠也而中宮壬砂焰穴乃被二房

吊來。

姑蘇天平山背吳寬祖墳巽峯起壬辰狀元。

姑蘇東龍池陳仁錫父墳巽峯起壬辰探花。

惜發福真穴初葬不知決水法發福後附葬開

壙見水。乃掘起遷上左臂。改癸丑向與巽為仇。

今子孫又附遷一穴在真穴之頂立向雖合而

巽砂又少情巒頭不到可惜凡巒頭既合理氣。

又要形親勢就推移不開方可說得個到字若

稍有不到便要減福。

姑蘇燕山。無錫周宏祖墳乾峯起甲辰探花令弟

壬戌進士此催官地甲戌乃此地所生者必發

姑蘇竹塢文震孟祖墳乾峯起壬戌狀元。

此六地內陳周二壙對宮沖發餘俱發在本宮皆

戌。乾坤未辰巽同宮者也凡地皆從龍地特人所
易知易見者耳至若艮峯則出仙翁佛子更高一
籌然諸峯亦非漫然而發者唯我撥砂撥在生氣
則出仙佛鼎甲若撥在洩氣便出乞丐窮酸遊蕩
上地龍脈盛旺真氣貫穴則出大賢理學名需中
地則詩文字畫名垂千古下地則為善知識而不
成真佛或做秀才考試屢居首名只不中式三者
皆旁有生氣人丁可延否則漸絕所以仙佛中有
出于富貴者有出于貧賤者亦在此中分別仙佛

養少二十六

能奪造化之權。而不知其究竟出于造化也奇矣

哉。洩氣之砂如此若撥在殺氣便出強盜殺戮絕

嗣唯審穴在何局而消息之方能發福非概見一

乾峯即許戌年中元概見一坤峯即許未年中元

也唯審穴在何局而消息之•此句是訣•

丙子冬偶閱繆墳丙龍高聳富厚了扦午山子向

合竅左肩坤砂縈彎把來中關豐員隆起惜拖下

處有委靡不振之象對面艮砂插天惜帶癸一分

形勢不甚親近予決之曰狀元在丑科則家清而

爵高若在未科
則家豐厚而官
不顯要丑則以
帶癸故而艮高
也未則以丙近
故而兼委靡也
山中人不知次
日返無錫人言
繆公丁未及第產業饒腴今其休致亦已久也此

發砂二十七

右論龍虎宜忌止此以下論案山

論案山取逆水入懷逆抱為最美。

雪心賦云求吾所大欲無非逆水之龍。使我快于

心必得入懷之案此可知案固有益于龍穴而其

妙全在逆抱也使內堂得一逆抱横案則穴內生

氣關固不洩為力最重為福最速古諺云若要發

得快伸手摸着案正此謂也其形不拘尖員方平

總取逆水而彎抱為佳不拘龍虎過案及後龍分

枝來總為穴內關蓄生氣之用逆則氣關而固頓

則因氣以洩。

東湖主云此段案砂之妙講得透徹大抵順龍則

喜案遮橫龍亦喜逆案逆勢龍張山食水者則不

喜案以阻來水今有逆勢龍以迎大河之水又有

案以收內堂之水者予于龍游出呂防呂好問犀

牛望月形見之方夫子嘗詔予云最喜恩見于昭

昭尤嫌忌藏于隱隱此地後龍開帳子癸入首前

立丁向虎龍左右各兩塊排列東西皆坐生旺余

登穴云不止一侍郎也陪行者皆不知隨查縣志

果數子皆貴顯。

又白虎外臂五

里許突起一太

陽金高小而員

淨在正兑穴中

視之親切如在

咫尺余云三代後當更出一大貴果又生呂好問。

此所云恩見于昭昭也穴背高起一層形如眠弓

彎抱穴腦自亥至寅最得其妙殊艮上畧起一尺。

是謂煞動中宮賊在家內遂皆貴不善終此所云

恩藏于隱隱也此地並無離鄉砂而龍虎砂四塊。

排班拱峙丁上案砂員淨如月多光彩如此形神

俱旺自然後代有遠發者余因云當有離鄉發貴

者果明朝呂本發于紹興

應心句者于諸暨北門外得之。

又逆水順案而合高低穴法取朝鐵高應齊眉低

此地余到暨陽二三日內即見之見其龍從老山

胸前出脈吾愛其龍之嫩已內堂大止三分而四

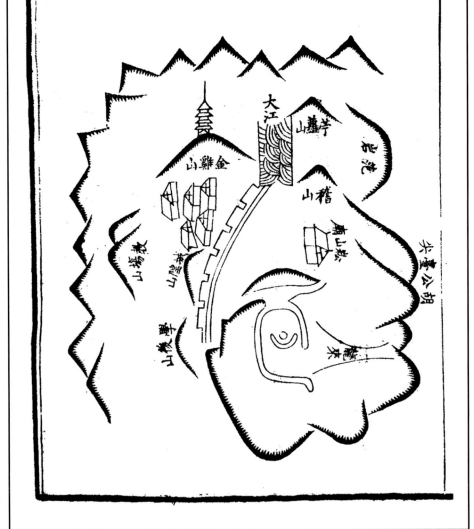

天玉斧

水聚蓄其中吾愛其堂之小巳穴在不高不低之
間左右移動不得吾愛其穴之磹巳兩邊護砂繁
夾而催官星即在本龍起頂處吾愛其砂之近巳
龍嫩堂小穴磹砂近擇地之法無餘事巳即起賴
太素于今日亦大相欣賞石氏累世積德而長五
維兩三昆玉孝友以承祖志吾以此地畀之庶不
辜負此地巳
順龍逆案于諸暨范巖前茶亭山袁美公祖母地
見之。

諸暨縣范巖前茶亭山袁宅祖母地圖記

金雞山

艮

艮

艮 寅 卯

大江

癸 癸 乙 辰 山

子 田 田 田

壬 地高 地高 低

田 左尖

右尖 高 地 後 低 田

高豐隆尖 田

白淳庚

次乾神

順龍逆棻
得力敝申

此地新城童俊昇扦也。龍真穴確水環砂。余初
閱之不覺心曠神怡後再覆視更見地上精神百
倍此龍從范嚴來穿田三次入首突起太陽金後
坐一尖左右兩尖輔夾星體又加健旺到穴一線。
貫進脈清氣秀短而且緊穴前吐出元辰圓潤頓
異唇下明堂形如半月田中有三小池配甚均勻
即高起案山如眠弓清秀而多媚堂中水自右倒
左從外收進內來一案抱盡無點滴滲漏壙內扦
申山寅向兼甲三分撥艮坤乾砂以作催官但墳

面立艮向則諸水破局余為立正寅向緊對中池
池水寅八分艮二分主發財自有五鬼運來之妙
看來此地非俊昇得蕭客看地三昧法何能知之
非美公性生忠厚篤行淳良何能得之
第二取取秀尖形如執笏去朝天第三取列三台印
誥當前品字排第四取一字案富貴聲名從此判

尖秀案

三台案

一字案

第五取如展誥休教對角正當齊第六取中高式蛾眉秀麗形最吉第七取中四格作向當四莫偏側

展誥案　娥眉案　雙薦案

第八取齊帶強金玉橫齊福祿長第九取取生官官星富貴非誣亂第十取官現面子息科名當代見右論案山之吉而可取者以下論其凶而可忌者

丞玉斧

撥砂三十三

再評論忌順水順水之案無足取彎抱也主離鄉貴
直竄逃凶命不歸第二忌高與低頭高頭低攢入地
逆水也應生凶禍順去生別及死離此二件辨得好
頭高頭低不平不正逆水主官事纏綿順水主客
死外鄉之應。

案帶膂

暗生官

現世官

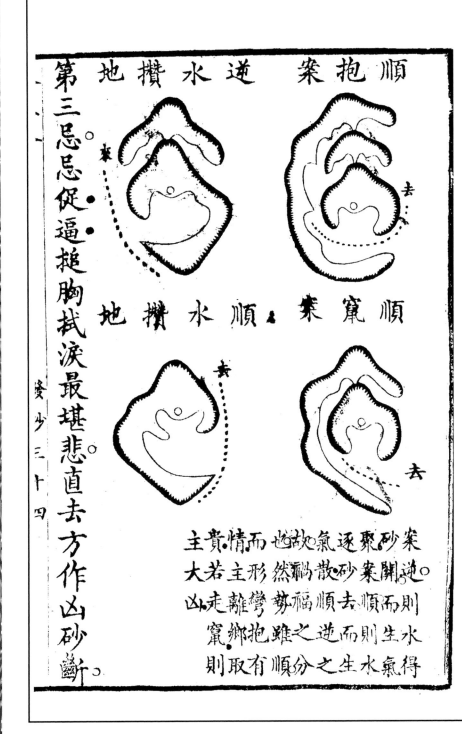

順抱案　　逆水攢地

順竄案　　順水攢地

第三忌。忌促逼趨胸拭淚最堪悲。直去方作凶砂斷。

案砂聚逐氣故。也而情
案砂散飀然。形若主
逆關砂去順勢。彎離走凶
抱鄉竄之雖逆。而順去福
生之分有則取。則順而
得氣水生之分。則水

胸槌窠順

淚拭窠順

去　　　來

大近穴而不舒曰促大高昂而壓穴曰逼促逼而
高齊眉者爲拭淚促逼而中應心者爲槌胸俱凶
而害處全在順水直窠若逆水彎抱則爲拜詰謝
職之類此促逼吉凶之異全以順水直窠逆水彎
彎逆難將一例推

之別抱

逆抱高齊眉

應心

逆抱低應心

來　去

來　去

第四忌忌崩破崩破應主生新禍縱然逆抱不宜崩

莫妄安扦空自錯

案山與穴最近吉凶應驗最速倘如破頭折臂主

速發凶禍縱然逆彎抱穴其形既崩破是謂吉中

帶煞亦主福少凶多若不逆彎抱穴而又崩破主

琢玉斧

撥砂三十五

大凶。

案何從名。以其平伏抱身高不過眉低不過心如

案席羅列于前故曰案也穴以有案為妙案又以

生官為貴隱抱案外而不見者名暗拱官聲生面

前而可見者名現世官暗與現俱不拘而總以逆

抱有情為吉

●論案山取忌止此以下論朝山。

●論朝山如何取朝與坐穴分賓主不拘山水並堪朝。

總取特來為最美　特來則情真

朝何從名以對面之山向穴有情。如朝拜狀故曰

朝也朝與穴有賓主之分貴情意相孚是以三山

期對中為是。難拘。兩峯取對空為良也難拘。或有

山而求與山拱或無山而權取水朝古云朝山亦

自有真假若是真時特來也。如或假時山不來徒

愛尖員巧如畫卜氏曰母友不如已者當求特異

之朝山同氣然後求之何必十分之厚壠尖山秀

出只消一峯兩峯聞說董德彰未遇師時多取峯

巒競秀地得道後方知止一峯兩峯之妙曲水來

朝不拘大澗小澗合之而可識山與水俱可為朝。

但取其特來有情為美

東湖主云古語朝山亦自有真假若是真時特來
也予曾于浦江白馬橋內宋時賴太素為九世同
居鄭氏扦一地見之此地後龍火星作祖一方之
望行二三里入首得高金下手兩股青龍收水直
龍直受固為正穴殊主星頂左肩拖下一枝為外
青龍者其腋腕內藏一小乳青龍彎抱收水固不
待言而白虎為正穴之內青龍者情勢雖向內而

在此穴殊亦環
顧穴後腦星豐。
滿緊蓋穴塲唯
不顧爾時賴公而
來龍主山側而
舍正幹而扦旁
支者何也誠以
朝山太陽金正
幹正穴正朝無辭而人走入左脇下視之尤加親。

撥砂三十七

切逼近而正無一毫游移處所謂唯有朝山識倖

心是也至若運用理氣之妙在正穴視案形勢低

寬而遠位居正丁止發丁財入左脅視案更親更

近高起偏焰氣旺力厚且居丁未之界六未四丁

賴公用丁扶未則食神親而旺旺神員而健自然

發貴且速

又云古語毋友不如己者當求特異之朝山又言

收得一宮砂水正自然榮貴不須疑又言砂水並

朝更為冠又言拗龍就局納前朝又言坐空轉面

去張潮合

此數語之

地曾于嚴

郡黃泥突　　凡砂坐穴

宋宅墳見　　中頭脚俱

之此地巽　　見者力重

龍落脈直

向北行故

王墳依龍葬不發者是止知龍而不知局也龍往

撥砂三十八

酉　高地　高地　高地　地　山高　坡

北行。而明堂結在西方則穴詎可向北點唯擬轉

向西酉水層層朝拜酉上朝山覆鐘高金當面向

來頭身與脚全砂獻秀故葬下一紀乙卯發科壬

成進士巡撫山西今其曾孫宋溙已卯又以春秋

發也。

第二取尖秀平步青雲斷可就第三取取端方應

主兒孫登虎榜第四取取豐員豐員家富爛禾錢

尖秀如文筆貴人之類皆木火星辰所結其星既

秀故有平步青雲之應端方如掛榜語軸之類皆

土星所結亦秀故主名登虎榜若如廚如櫃則止
富而不貴豐員如覆釜覆鐘之類皆金水土所雜
結者主富若員而且秀亦主貴。此段論朝山之註
其實左右坐山皆如此看法

第一忌忌破頭官非喋喋最堪愁第二忌忌逼壓穴
被逼壓人丁絕第三忌忌腳竄走田園蕩盡難餬口第
四忌忌嵯峨殘崖粗濁凶禍多第五忌忌欹側探頭
側面生寇賊第六忌忌腳開獻花滛慾此中來第七
忌忌突沖抛頭露面最為凶第八忌忌尖射橫禍飛

災多磨折。

此一叚詳言朝山之凶而可忌朝與穴賓主互相
配對而最為親切故美與惡吉凶相為感名最宜
詳審是以狀似攕拳而直沖休認為拜朝之象利
似尖刀而射穴勿誤作進筆之形頂雖正而足斜
兆上破裂而下崩陷逢此者須知有損峯秀而身
帶淚痕御傘形山高而穴遭遍壓低而遍者更好
壓而有情者○大發福對此者終為無益極之掀裙○
深花腫脚趨懷墮胎擬籬種種惡相宜在所棄故

廖氏曰。砂不拘尖員方正法只取情意綢繆此可

得撥砂之大暑已。

論樂山取端聳任從遠近皆堪重後如無樂認鬼扦

鬼須回就為身用橫龍出穴此為先撞背來龍却不

全撥砂大暑須熟此勝似楊曾親口傳

樂者喜好之謂言穴後喜好有高山障蔽其後故

曰樂也形體最取端聳不拘遠近古笑曰問君何

者為樂山或如員椅或如屏不拘遠斷弁近峰只

要團圞衛我身此可知樂貴端聳而不拘遠近矣

采巨斧　　　撥砂四十

弁無樂者將棄之耶。鬼者抱于穴後雖曰主山氣

盛而發洩之為鬼。又恐大長而刼奪我生氣楊公

曰問君如何謂之鬼主山背後撐者是雪心賦曰

穴後須防仰瓦以其穴後之無鬼。有鬼則穴自不

仰瓦也若是孝順鬼兩手分開抱來豈非仰瓦且

橫龍結穴在前背後必須仰瓦則脈氣湧突在穴

中所以凡名地多仰瓦。穴後有鬼尖員豐厚以撐

其本身即樂山有無不必論已橫落結穴方用鬼

樂若撞背來龍則後龍即其鬼樂古人曰橫落分

明為緊要直來不必費心機是也。武進縣土名下
步生陸尚書地非但無鬼無樂而山背山腳且隨
水流去。然又有一等龍番身結穴止要有鬼而不
須樂縱坐空亦結穴者古人曰兩水夾出莫當中。
當中水去十分凶番身轉向朝來脈發福綿綿為

圖樂作鬼龍來結直

樂
鬼

撥砂四十一

圖之鬼無樂有結橫

樂

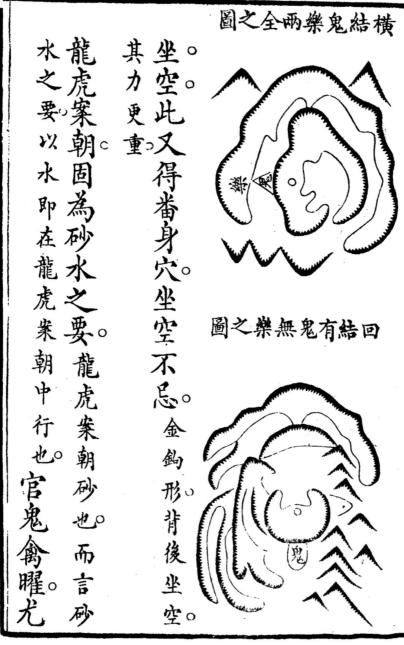

坐空此又得番身穴坐空不忌。金鈎形背後坐空。

其力更重。

回結有鬼無樂之圖

龍虎案朝固為砂水之要龍虎案朝砂也而言砂

水之要以水即在龍虎案朝中行也。官鬼禽曜尤

承玉斧

為龍穴之靈。靈氣不可見于官鬼禽曜見之善相
地者不重彼而重此。兩者皆重何分彼此。以其為
旺氣之餘洩為大地徵也。古人曰禽星曜星與官
鬼都是大龍生秀氣穴前穴後龍虎旁有此定為
公相地果然。又曰問君何者謂之官案山背後逆
拖山隱生案外為暗拱暗生的好。顯見名為現世
官。現見的更好問君何者謂之鬼主山背後撐者
是橫落分明為緊要直來不必費心機。丁丑臘底
在無錫章山為朱眉生扦下水龜形。頸上穴番身

三八三

逆勢時族人皆以無鬼無樂為嫌葬下。丁丑眉生生癘一年戊寅三月方痊忽報二弟中瘋予曰葬一年餘將要管事決不死的。果然即愈殊窘乏更加于前已卯四月忽然得資本一千三百葬時欠束金二十兩予曰君意誠已極吾寬之但三年上。決要償我。果至期如約則樂與鬼誠不必拘者。

今將章山下朱眉生葬父地圖說附錄于後此無錫第一著地也。玉屏為朝屏下有金鐘玉几為案几頭有金印加以左旗在乾右旗在艮即以

釆玉斧

撥砂四十三

乾艮二砂為催官。天干甲壬丙庚。地支丑戌午卯予便是發福之期。垣局齊整蔑以加已。而龍神之貴尤不勝言。

二茅峰
玉屏
金鐘
金印
右纛旗
艮
左纛旗
乾
玉几
田
田
田
田
田
墩

玉屏即是祖山落下金鐘渡過展誥頓起乾方癸

旗旗脚透出員墩斷了再起一員墩又斷一線渡

過行路特起主星太陽金如元龜伸頸之狀穴即

點脫殼出頸處逆回朝向祖山收盡源頭水聚于

堂內如此龍神其貴重也何如朱眉生求地心切

前遇時術已經數扦至此乃得第一等美地亦彼

誠心所感也此地予昇無錫人數家皆執已見妄

加憎嫌及巍郡眉生取之又皆追悔總因穴在未

點時地形不現予據此巒頭玉几玉屏主文貴左

右二旗主武貴催官篇云食祿開府稱三公固不
待言而更有仗鉞臨戎專制閫外之事關書內訂
後裔開府曰酬我子孫萬金可謂知德報德矣發
福後脩改秘記付廷樫藏觀北塢章山數地朱氏
之得遇予天賜之福也
又云鬼樂可有可無固已而鬼長奪氣據正理未
嘗不是然予觀蘭漢仰天湖地見其鬼刦正從結
穴之太陽金山後背心抽出一線漸成大山長約
半里餘到頭亦結一太陽金開口亦如金釵兩股

穴頂釵頭作

天穴面前案。

山高過眉上。

糞姓在明季

扦之出一布

不奪仰天湖

政則鬼長既

之氣抽去又結美地奇矣哉趙穴後樂山却又精

光焰穴而穴又在金星水窩之中古人看地全以

蘭溪趙主簿公自葬仰天湖圖

格看可知。

官星在前鬼在後。官要回頭鬼要就官不回頭鬼
不就恐是虛花無落首。此四句理最是的問君如
何謂之禽似龜似魚浮水面地戶有此障狂瀾是
為貴氣來出現。地戶誠不宜蕩開然亦有如商家
源之水口張大者人皆謂其無關鎖不知西方遂
安水從上流下。而本源之水逆上以迎之所以出

三元。問君何者是曜星龍虎肘後出尖形虎有爪
牙威始壯龍生豚角物方神豚角爪牙形體現秀

靈鍾孕不凡人。肘後尖形是拖地的颛角爪牙是

竪起的下面四句方是說曜星。又曰曜星如鎗或

如劒順水斜流飛冉冉時師到此斷離鄉不知內

有眞龍占。穴中却不見飛冉冉之狀。此可知四物

為龍穴之靈易駭庸俗之觀然學者毋專惡此而

故棄亦母專泥此而必求可矣。

東湖主云官鬼禽曜四者不可不知。然地有全備

者亦有全無者亦有得一二者却不可拘世人有

見此懷疑而棄美地者亦有偏執乎此以求地者。

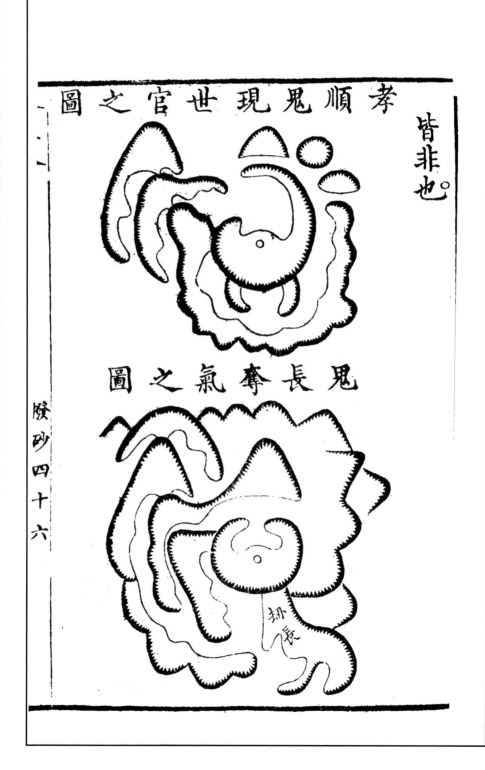

孝順鬼現世官之圖

皆非也。

鬼長奪氣之圖

二宮分野圖

漢書謂二十八宿各諸侯。
分野以治地方辟如尖峯。
出于巳酉丑方主巳酉丑
生人貴治荊趙吳越之地。
餘倣此。

諸砂美惡形圖附具于左
此宋國師張子微所譔詳載玉髓真經。各圖中貴
砂經俱註要豐滿員淨光彩耀目形親勢就朝拱

穴塲忌攲斜臃腫巉岏粗濁破碎澁滯今總註于
此各圖下不復贅己。

大貴人

大貴人者木星高聳而尊嚴秀麗
也凡貴人砂皆是木星凡文筆砂
皆是火星上格龍主文章貴顯典
夫郡中格龍主有文名不貴顯賤
格龍主僧道縊流孤獨無子
大小貴人者一峯低小一峯高大
也上格龍主父子叔姪兄弟同科

撥砂四十七

龍樓鳳閣　　大貴小人

名。

名不貴顯賤格龍主僧道師徒有

龍樓鳳閣貴人乃木星居水星之

上火星之下自下生上金生水水

生木木生火故為最重上格龍主

高科貴顯功在社稷澤及民生恩

榮奕世中格龍翰林聲價日近天

顏賤格龍主富

同朝中格龍主父子兄弟皆有文

玉堂金馬　　貴人　帳下

玉堂金馬貴人者。後有御屏。前有
馬山也。上格龍文章冠世高科及
第。玉堂貴顯中格龍主典大藩賤
格龍主富壽多僕從。

帳下貴人者。水星之下有木星也。
上格龍主尚書侍從錦衣玉帶中
格龍主典州郡之官賤格龍出僧
道之官。

人貴上殿　人貴下蓋

蓋下貴人者。華蓋之下有木星也。

華蓋寶蓋冠蓋三蓋不同其所應

則無異也。上格龍主侍從臺諫官。

中格龍主出鎮大藩賤格龍出僧

道官。

殿上貴人者聚氣火星之下有木

星木星之下又有水星也。上格龍

主宰相秉國政有大功勳名聞四

夷。中格龍文章名譽出典大藩賤

臺閣貴人　觀榜貴人

格龍僧道蒙恩。

臺閣貴人者聚焱火氣之下有土
星土星之下又有木也上格龍主
拜相寵遇獨隆中格龍尚書侍從。
賤格龍僧道入朝面聖
觀榜貴人者土星之傍有木星也。
要榜高人低者是上格龍科第高
登翰林榮貴中格龍郡邑之官富
冠郡邑賤格龍僧道鎰流奴卒之

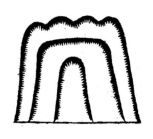

屬。

玉堂貴人者聚氣火星下有木星
也火明木秀貴入玉堂上格龍入
翰林知制誥經筵進講中格龍文
章名譽隆朝之職賤格龍僧道得
貴扶持

簾幛貴人者木星在數重水星帳
下或在數重之中皆是也上格龍
主執政公弧極品之貴及女貴中

披髮貴人　人　臨軒貴人

格龍。主典大藩方面重臣。賤格龍。

樂戶名妓。

臨軒貴人者木星在星幕侍從之

前也上格龍白衣上殿宰輔狀元。

承恩受寵得君獨隆封蔭重重中

格龍重重封誥位重堂隆賤格龍。

僧道面君。

披髮貴人者木星傍拖似于斜側

也此乃木星帶火不可以其斜側

撥砂五十

三九九

玉堦貴人　貴人捧誥貴人

顯。

政提刑之貴賤格龍主法師有靈
專掌節鉞斬砍自由中格龍主布
為嫌上格龍文武全才威震夷夏。

玉堦貴人者木星在疊級數重之
外也要堦級重重平正為合格上
格龍。主出朝貴秉政專權中格龍。
主將校有威勇賤格龍主雜職。

捧誥貴人要貴人端聳誥軸方平

展誥貴人

及高低相稱不欹不斜方為合格。

廖公謂榮達之象最吉上格龍主

天恩寵渥重拜褒封中格龍主為

侍從欽差傳宣之職賤格龍走卒

師巫

展誥貴人乃木星聳于誥軸砂上。

適當中正方為合格上格龍主受

君眷寵徵聘入朝及出仙子神童。

中格龍主璽書褒諭封贈父母賤

 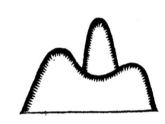

人貴圭執　人貴上馬

格龍主神廟靈威。

馬上貴人者要人高馬低若得旗

節儀從相稱主文武兼全功勲掀。

揭上格龍主尚書侍御專兵權威。

鎮邊方名播荒裔中格龍主富豪。

多貴顯財產賤龍牧馬及木匠。

執圭貴人要人高圭正若得御座

臺蓋旗鼓相應尤貴上格龍主尚

書九卿立朝正大中格龍主科甲

出身京堂貴顯賤格龍主僧道。

龍門貴人者木星兩傍俱有華蓋

砂也上格龍主一舉登科少年及

第直言敢諫朝野聞名中格龍皇

親國戚文武全才賤格龍屢舉不

第葬謁庚門。

執笏貴人要人高笏正若御座臺

蓋旗鼓相應尤貴上格龍主尚書

九卿立朝正大中格龍主科甲出

發砂五十二

四〇三

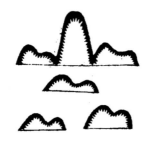

五馬貴人　人貴劍按

身京堂貴顯賤格龍主僧道禮拜

神佛與上執圭仝。

按劍貴人者貴人山下有尖利之

山倒地也要逆水為吉順水則凶

其劍亦忌射穴上格龍主將軍威

振四夷中格龍主監斬提刑之官

下格龍主出劊子手。

五馬貴人者貴人山居五馬之中

也上格龍主尚書侍從中格龍主

雙薦貴人雙童講書

琢玉斧

五馬專城及典馬之官或巨富多

馬賤格龍主養馬

雙薦貴人一體雙峯同峙一體雙

峯聯峙上格龍主兄弟同登科甲

中格龍主富雙妻雙子賤格龍主

兄弟同入公門或同出家

雙童講書者兩木星中央一土星

也要土星方正木星直聳上格龍

主兄弟同入翰林經筵進講位居

 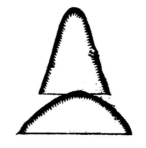

星文眉蛾　人貴星文

宮保中格龍主兄弟同朝巨富賤

格龍主兄弟同貴

文星貴人者木星山下有太陰蛾

眉砂也上格龍主文章顯達職兼

文武中格龍主文名遠播品位不

高賤格龍主男女淫侠內醜

蛾眉文星者狀如半月光媚纖巧

也喜兩角均勻端正清秀忌臃腫

破碎邊高邊低欹斜不正上格龍

星文貴清　星文壽福

琢玉斧

主文章名譽狀元神童女貴為妃。

中格龍主人清秀官位不顯賤格。

龍女貌美而貧有風聲。

福壽文星者中稍起頗類三尖而

兩畔均勻清秀上格龍主富貴兼。

全官居極品在位長遠中格龍主。

高壽厚福無貴顯賤格龍主僧道。

壽高頗有名譽。

清貴文星者清秀之山嫩巧而細

也。取清秀均勻。邊高邊下則非上

格。龍主翰苑清貴名望遠播中格

龍主虛名不貴廉介恬退家無厚

蓄或女貴賤格龍主僧道聰明婦

人不潔。

駁雜文星者兩傍斷而復有低平

不高似為品字三台中頂不起不

為實蓋此所為駁雜也亦曰飛蛾

文星上格龍主博學名滿天下中

帶福文星　曜文星

格龍主能文博記隨波混流和氣

同俗賤格龍能文多藝飄蕩

帶福星者即一字文星高大而帶

土體平正無偏也厴厚不臃腫粗

醜上格龍文武金才極品祿位中

格龍科第榮名巨富壽考賤格龍

主人伶俐為隸卒及長壽

帶曜文星乃土星兩傍生火曜也

頗似娥眉金星但圓平不同耳此

一　字　文　星

格平正復于側畔出曜。故曰帶曜
上格龍主文章顯達名垂當世後
學宗師中格龍有文名不顯達賤
格龍秀才善養外婦不顧妻
一字文星乃倒木星也清秀端正。
上格龍主神童狀元宰相矣伯一
晶之貴才名冠世中格龍魁解清
貴賤格龍主虛譽徒隆寶德則病
空有文章不能顯

星文圭玉　星文笏柱

柱笏文星木星卓立清秀端正而

光彩亦名象簡文星上格龍主狀

元尚書侍從臺閣之官中格龍主

翰苑清貴及諫垣之職賤格龍主

僧道仙佛。

玉圭文星土之高聲體頂要平正

身要挺然清秀上格龍出垂紳正

笏之人立朝燮理崇儒碩傳中格

龍主貴有忠貞文名遠播賤格龍

金箱文星 玉印文星

主富壽及高僧道。

金箱文星者方正低平之小土。再

見貴砂相助為妙上格龍主科名

高顯爵祿萬鍾中格龍主醫金五

馬賤格龍主小富義民

主印文星者員小山阜或石墩也。

要員平忌破碎出正西或龍虎左

右為文星在水口為羅星上格龍

主狀元宰輔文名冠世中格龍臣

家玉斧

星文脚折　星文印方

富納奏賊格龍僧道墮胎患眼但

穴前總不喜見有損無益

方印文星亦小山阜或石墩也若

見龍樓天馬等砂尤貴破碎則為

偽印上格龍才兼文武出將入相

中格龍文名遠播方面重臣賤格

龍主僧道美婦

折脚文星乃一脚拖火也面平嫩

媚作吉星主文武全才粗醜則不

星文弼輔　星文璧員

吉。火脚要逆水為上順水次之上
格龍。文官兼武職中格龍小貴凶
妻賤格龍跛跚殘疾。
員璧文星形薄而上平有微起之
墩其員如鏡上格龍主王侯極品
中格龍主科第文名賤格龍主出
僧道。
輔弼文星者文星中起左右小阜
夾從如左輔右弼也亦類三台上

天範文星

格龍狀元宰相男為駙馬女作皇

妃中格龍文章高世父子兄弟同

朝齊名賤格龍雙妻雙子滛賤風

聲

天範文星者木星之發秀而範如

花瓣然作龍身尤佳在砂格要中

有員星正面朝穴無此則為絳節

凶格已上格龍主狀元宰輔中格

龍有文名而不顯達賤格龍主博

救文文文星 大武金

學能文。

救文星金帶土體若方角骨立則
為御屏此則角垂員而肥飽耳宜
居水口宜正寨無禍凶上格龍主
出使外國中格龍主典郡牧邑賤

格龍為僧道。

大武金者其星雄偉體勢尊嚴故
謂之武即雲中金獻天金是也上
格龍主大將征伐威鎮華裔中格

星文車龍金武立特

龍主田聯阡陌出郡邑守備之職。

賤格龍主出燥暴無涵養之人。

特立者衆山低小此星獨高光彩

穎異也比覆鐘金尤貴重上格龍

出使大藩聲價英烈中格龍出武

畧之人及武職賤格龍出軍賊橫

逆人。

龍輦者金水合形而結也宜龍頭

居前朝穴有拜下之山爲貴上格

撥砂五十九

龍　華　　樓　龍　　鳳　閣

龍主文章蓋世。持節封矦統馭軍

民中格龍非橫得財富多牛馬賤

格龍主得橫財

鳳輦尖秀之峯突兀在前並不射

穴上格龍主文武名譽致身顯達

及生女貴中格龍主科第州縣之

官下格龍主累舉不第貴在外家

龍樓鳳閣本王者所居大貴之地

方可當此玉髓經云前砂見此主

簾幙

大貴左右君王日月朝不假他星。
為助自然致貴上格龍封公封矦。
仕宦極顯朱紫滿門中格龍主男
尚公主女作皇妃賤格龍主掌大

藩。

簾幙乃高山重疊如鋪簾如設幙。
不缺不折不斷不凹斯謂之簾幙。
上格龍主富貴雙全中格龍主富
盛賓客滿門賤格龍主名妓多交

撥砂六十

爐　金　傘　御

貴人。

御傘者。星辰身帶水浪痕。折有似

于傘。喜高聳特異。不喜破碎欹斜。

上格龍主登第貴顯。出身即為朝

官。中格龍驛丞巡司賤格龍主皂

隸奴僕。

金爐者。石山有似于火星也。若有

仙橋相應。主丹藥升仙御醫應聘

榮顯上格龍主富貴陛朝立清要

御屏　御書臺

之班中格龍主豪富高仙賤格龍

出師巫為神壇寺廟

御屏者土星之特峙者也方正骨

立為貴上格龍主文臣宰輔功著

鼎彝進爵庶伯澤及元曾中格龍

出鎮大藩巨富全福賤格龍主孤

僧道

御書臺者土星之低小者也頂方

而平面潤而正為貴上格龍經筵

皇　帝　座

進講東宮師保之貴有宸翰璽書
之賜中格龍主典郡邑賤格龍主
僧道。
皇帝座者。一星聳立。兩肩均勻者
也。要中峯秀侵雲漢。兩肩平正旁
多從山方為合格上格龍王矣世
襲男尚公主女作皇妃富貴不替。
亦出神仙中格龍文章著譽尚書
侍從賤格龍州縣卑職。

筊牙床滿　爐御　　　　（二）

御爐砂金土相生要方員伶俐尊

貴有情上格龍日近天顏身惹御

爐香中格龍富貴而好事鬼神賤

格龍神廟威靈及僧道

滿床牙筊者或尖峯或石笋叢聚

者似于滿床牙筊不拘大小高低

總以清秀為貴上格龍主三世同

朝滿門朱紫累代富貴中格龍主

父子兄弟同科文章名譽賤格龍

跪　爐　　　文　筆

主法師僧道畫工。

跪爐砂者山彎一頭高聳一頭低。
如人跪狀宜居水口宜高大不宜
破碎順水飛動上格龍主尚書宰
執侍從之臣中格龍主富而好事
神佛賤格龍主僧道供佛事神
文筆者火星尖秀卓立聳拔也宜
遠在天表課云狀元筆十里雲霄
出是也上格龍主文章科第名譽

筆相宰　　彩鳳筆

遠播中格龍主有文名典州郡賤。

格龍主蒙師畫工。

彩鳳筆者火星插天下有從山飛

揚如彩鳳之騰霄也要端正秀麗。

遠在天表上格龍主理學宗主文

章冠世後學宗師神童將相御苑。

師保中格龍魁解顯榮賤格龍主

畫工名播天下。

宰相筆者火星卓立土星之上而

筆　　公　　三

不居中訣。云宰相筆案頭出喜案

正筆秀上格龍太平宰相進東均

軸中格龍京堂侍從鎮掌大藩賤

格龍主蒙師生徒多衆

三公筆者。三峯卓立于土星之上。

要中尊傍小跌密相等上格龍公

孤極品職列三台身係天下安危。

亦主仙子中格龍主父子兄弟聯

科玉堂貴顯賤格龍主文名遠播

筆 元 狀 筆 天 焉

而無位。

焉天筆者。尖峯開兩岐也。縱秀麗

亦不吉劉白頭云文筆開了义帶

歪十遭赴舉九空回上格龍主刀

筆進身居官不正中格龍主秀才

不第及畫工訟師賊格龍主是非

爭訟及出缺唇之人。

狀元筆者火星生于土星上正當

其中要土方正而火清秀上格龍。

筆　　　　陣

主一舉登科。神童及第文名冠世

公孤仙客中格龍主科第文名職

掌文衡賤格龍主文章之士儒官

訓導。

筆陣者數峯尖秀有似于筆陣宜

中峯高左右峯低若顛倒錯亂則

吉中有咎上格龍主父子兄弟叔

姪同科及第有文名中格龍主一

家大小有文名累舉不第賤格龍

法師筆　　　關訟筆

主畫工法師。
關訟筆者穴前兩尖相對。如鬪射
然。多兄弟不和。專好唆告詞訟爭
關之應上格龍。主為官不避權勢。
直言勅奏好辯招非嗜殺無情中
格龍。兄弟不和。富而好訟賊格龍。
教唆詞訟傾家
法師筆者亦如罵天筆尖峯聯開
數了若出自臺下主因法得官上

發沙六十五

進田進筆　　　和尚筆

來　　去

格龍主法師靈應驅神役鬼因以

承恩中格龍主法師用法而富賤

格龍主法師流離困苦。

和尚筆者尖峯旁有駱駝形也金

火相戰故賤有仙橋砂助主高僧

通慧有文名而沾恩寵此上龍也

中格龍主僧人有法靈顯賤格龍

主貧僧。

進田筆凡穴前倒地尖砂順水而

狀 元 旗

下者。為退田筆。田產賣盡無存逆

水而上者。為進田筆。年年買增田

產。不拘龍虎砂上生來。或外砂湊

來。總逆水為貴若近穴醮水主寅

葬卯發。上中下龍皆吉。

狀元旗者木星排列身是水體山

脚。又開面現蛾眉文星者是。喜文

筆台蓋砂助上格龍大魁天下中

格龍主魁解出身官居閫外女柄

招軍旗

得勝旗

男權賊格龍文名遠播而無實然

予觀蘇州各狀元地不拘此形。

招軍旗者旗形高大衆脚飛揚有

一帶纏遶如招動者為合格甲馬

頓鼓相應上格龍主義兵為開國

勳臣世享爵祿中格龍主義勇保

障賊格龍主草冠神廟軍卒。

得勝旗者旗形悠揚卓立大勢逆

水向內身頭似文旗而山脚舒展

光彩喜頻鼓牙鈴相應上格龍主

輔國元勛名勒鼎彝世承恩寵中

格龍主職掌元戎武功受寵賤格

龍主為軍得功。

戰旗者卓立竦直而有威武之象。

此品字格也有鼓鈴相應尤貴上

格龍主出將入相節制諸軍中格

龍主軍官統領兵卒賤格龍主軍

卒上陣爭戰

旗　賊　旗　合

合旗乃兩脚相向而中開要高低
大小相稱聳立尊嚴或正當穴前
或兩峙水口為門戶皆貴上格龍
主位居五府出鎮諸將節制數省
中格龍主為武職賤格龍出賊盜
賊旗者尖射破碎欹斜醜惡又兼
黑石巉巖也若在水口穴間不見
亦吉。上格龍主大將專征伐。不忠
赤族中格龍主常遭盜賊刼殺賤

降旗　敗旗

格龍主凶賊刦殺之人。

降旗者塌地破碎順水熖動而飛走也頭身大勢向內而旗腳向外者為敗旗頭身大勢向外而尸山在下者為降旗上格龍主為將領兵戰敗而降賊人中格龍主大盜終于降滅賊格龍主為寇盜滅絕。敗旗亦塌地破碎差勝于降者以其逆水也應驗與上稍金。

鼓　頓　　　旗　頓

頓旗乃火星高聳而飛揚山形雄
偉氣勢軒昂腳雖飛揚而不反亂。
上格龍主大將專征伐殺戮之權。
中格龍主總制三邊功勛掀揭賤
格龍主為軍卒兵快。
頓鼓者金星聲立高大雄猛若頓
鼓狀上格龍主出將軍及藩臣節
使中格龍主富而好音樂賤格龍
主神廟靈跡鼓樂之人。

堆甲　鉢盂

堆甲砂。小山平岡。層疊重出。如堆

甲之狀若在御屏砂下作排衙論。

與堆肉砂同上格龍主武貴兵權。

汗馬功勞中格龍主巨富田聯阡。

陌廣積金玉賤龍主小富旺人丁。

鉢盂者員山而帶脚有似于鉢盂

也若數小峯在臺盞山下又作盤

盞之類上格龍主出名僧寺觀巨

富中格龍主僧人小富賤格龍主

珠玉金

報　捷　點　兵

遊僧沿門化食。

報捷者。數峯疊起奔來。如出征奏

捷露布馳報之狀。要光彩勢來向

穴上格龍主登科及第中格龍主

巡司驛丞眾差之人。賤格龍主為

人報捷及舖兵。

點兵者亂石在平原曠野大小不

一。或如猪羊牛馬或如鴉鳥或如

人立主大將專兵權建立功名身

屯　軍

致榮顯此上格龍也。中格龍主富
而抱養人之子。賤格龍主患眼疾
貧苦。
屯軍砂小星或土或石雜列于外。
平平正正大小相間雜錯若屯軍
之狀上格龍主文握武權統兵百
萬生殺自由中格龍主武職之官。
及于孫千百戶賤格龍主出昏濁
散蕩之人。

降　節　五　雷

降節者本佛家神仙之具其形有
似于探切忌作正案陽宅陰地有
此多不吉。上格龍異姓同居滛亂
不潔中格龍主僧道有聲名賤格
龍主為神廟香火。
五雷者五小金星叢立五方也或
一列排前亦是上格龍主五府之
職署金衣紫中格龍主兄弟掌兵
權而有威名賤格龍主雷霆法事。

郡仙簇隊　　　祥雲

致富。

祥雲者山形類土。五色絢彩為天
之吉氣為秀為文也此為貴物不
可常有至貴之應上格龍白衣登
殿出人趫羣中格龍一舉登科為
官近帝賤格龍主出仙佛
羣仙簇隊者諸峯森森簇簇重疊
如蜂屯蟻聚皆秀麗清奇亦謂三
千粉黛八百烟花富貴之象上格

廏　連　囷　倉

龍主公侯國戚附馬女妃及神仙。

中格龍主鎮大藩巨富多僕從賤。

格龍主出人風流瀟洒。

倉囷之形多出土星亦有類金者。

故凡金星帶土體及土星不方正

者大者謂之倉小者謂之庫皆應

富龍穴貴者則應公輔食邑之貴。

連廏倉陳積倉百萬倉皆應藩鎮

屯駐之處陰陽二宅見之皆主大

陳積倉　寄倉

大富大貴其他止是富砂寄倉敗
其在外陽故屬外郡百萬倉似御
屏而不方不正差小者亦名萬石
倉此像大星辰主大富亦主貴都
要形穴雄偉之地方可當之上格
龍主食邑進爵世享天祿富巨敵
國中格龍主田聯阡陌納粟進職
糧冠郡邑賤格龍主濁富溢慾
誓節著尖秀木星五峯以上乃為

發砂七十二

四四三

節　旌　節　踏

賤格龍主承差雜職。

踏節要均勻大小踈密相等上格
龍主監司藩鎮欽授節鉞兄弟同
料中格龍主出使外國兄弟同貴

旌節與踏節不同星峰橫列缺少
一邊謂之旌節主格龍主出鎮大
藩子孫同朝中格龍主兄弟有文
名而無貴顯賤格龍主為人才能
獨節者平時曾藩儀從有獨節權

獨　節　流　笏

是也其形如枚從卒以手持之獨
環使有聲以驚行者上格龍主立
大藩權制一路中格龍主將兵異
域賤格龍主為軍卒
流笏者一字文星順水而流或泛
水中但順水者多離鄉富貴上格
龍主離鄉發貴及出使外國中格
龍主離鄉而富賤格龍主流落他
鄉或水溺死

裀　褥　晒　袍

裀褥二者。皆是平面土星。裀平而
方。褥平而長。穴前有此則穴眞已
上格龍貴近天顏中格主富而多
于賤格龍主僧道多徒亦或多疾
晒袍堆袍二者不同。山勢展揚稍
有飛動皺摺者為晒袍。重重疊疊
皺摺不一者為堆袍有情向穴則
吉反朝向外而尖利則凶以袍領
向穴體勢皆順主貴袍章服也為

堆　袍　正　幞頭

天三才

身之飾而又耀之以日光故主文
章又為面君之物故主貴上格龍
主世代有貴而不大顯中格龍主
為官多是非黜罷不能超達賤格
龍主殺傷血光叛敗投降外國以
其象降旗也

幞頭者低小土星中高而兩旁肩
低有似于幞頭也尊加人首固為
貴己而非面君不敢戴尤為貴重

卷少七十四

頭幞形合　頭幞右左

高小土星聳于後兩山相合對面　又合形幞頭係橫低土星列于前○　名賤格龍主富盛　享爵祿中格龍方面重臣富貴聲○　上格龍主王羕列土公孤極品世○　常見有此形者多是大貴之上地○　肩者亦謂幞頭廖氏以為幞頭匣○　斜不破碎又有一等土星開一邊○　穴前見此砂○欲其方正端嚴不欹○

提籮㽶形

看來亦似幞頭形比前福力稍減。

提籮者如乞丐提籮之狀穴中見
之不吉上格龍雖出富貴不免有
風頏之人中格龍主僧道沿街化
緣賊格龍主乞丐。
㽶者山脚飛揚奔走長遠里餘如
人立㽶之狀順水者凶逆水者吉
上格龍主武職威權中格龍主富

靴　朝　傘　破

而離鄉湛夲天斫賤格龍主僧道
神靈長病殃癆瘵○
破傘一似椶棚葉一峯穖正分腳
侍勻墳前見之不吉而況破傘乎
上格龍主好殺狼惡威武名揚四
裔奔服中格龍主富而不潔賤格
龍主爭競貧窮圖賴之事○
靴履似襆頭而非襆頭上下停勻○
靴履下級低長與上級不相稱雙

僧　鞋

者主貴單者主清髙孤獨難為妻

子上格龍主文臣侍從碩儒執禮賤格

步履端嚴中格龍富而好禮賤格

龍主長命蜈蛉之子

僧鞋是同一平阜中有分開之級

以袱裹鞋之象順水者凶逆水主

富僧上格龍主出僧道遍遊天下

聞名海內中格龍主僧人有知慧

賤格龍主貧僧長疾

鈒砂七十六

四五一

玉　帶　金　帶

金帶者橫木灣起又有龍點以應○

飛散去連帶金魚者戴帶傍或帶○

雷蘭石有鐵弄如塗漆狀是也上○

格龍生名孤起嶺封候封爵蟒衣○

玉帶重重襃賜中格龍主高科典○

美蕃賤格龍主名出女貴○

金帶銀帶平面如星灣抱者是或○

平坡戚田剝彎抱過穴如晉帶所○

以不動順水連水上格龍主出典○

几　玉　鍪　兜

琢玉斧

兜鍪

州郡及因婦而貴中格龍主縣宰
之官亦有女貴賤格龍主出經商
之人。

兜鍪者頓起而有側傾之勢曳裙
如鱉亦微帶殿蓋橫視之則為殺
爾喜旗鼓全見上格龍主威武好
勇勳業世爵中格龍主武職小官
賤格龍主軍卒賤役

玉几反覆皆可用抱身固好若有

發砂七十七

帽　席　糊　糢　　帽　席

貴人作朝峯巒員正而玉几抱之。

亦吉上格龍主大貴位至三公中。

格龍主方面重臣賤格龍出僧道。

席帽者亦台星之變格要均勻清

秀上格有貴人者勝二格低小雜

職三格大貴上格龍主升朝侍從

之臣中格龍主郡牧邑宰賤格龍

主出僧道。

糢糊席帽者或員頂不起或尖而

唐　帽

㻡玉斧

斜。或走足皆是也上一格主為官
不正無治才決斷下一格差勝上
格龍主佐貳之官不至正堂中格
龍主雜職小官賤格龍主道士
無腳者為席帽有腳者為唐帽亦
曰唐幞亦名垂帶訣云唐帽若垂
帶才子文章快上格龍主世代有
官不替中格龍主清高徵名不應。
賤格龍主道士軍配。

潑砂七十八

葢　寶　帽　鉄

唐帽席帽皆清秀鉄帽則帶石膮

臃為異耳其貴賤皆係乎龍穴上

格龍主軍官有功世襲武官中格

龍主軍戶巨富賤格龍主軍配流

離貧賤

三峯畧起頭員似金者為寶葢要

均勻端正有二山三山湊合者同

斷上格龍主升朝貴顯中格龍主

科第典州郡賤格龍主僧道

華　蓋　冠　蓋

三峯罍起帶尖似火者為華蓋上
格龍主文章清史功著鼎彝中格
龍主科第典州郡賤格龍主僧道。
冠蓋者獨出一峯左右短小者是
得儀仗旌節尤貴上格龍主科第
顯貴車馬盈門中格龍主富貴而
僕馬豐足賤格龍主神廟卒徒。
三峯尖微茫出者為馬蓋得儀仗
旌節尤貴上格龍主大將軍威振

馬　馳交　益　馬

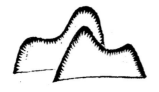

華彝中格龍主文兼武職名重壽

高賤格龍主敗走無成

交馳馬者雙峯兩兩如馬相馳走

也一馬左高右低一馬右高左低

為合格上格龍主兄弟叔姪聯登

科第中格龍主富冠鄉邑多駿馬

賤格龍主出人走馬奴隸

帶甲馬者馬山身帶摺痕黑石如

戰馬之披甲也要旗鼓貴人諸砂

承玉斧

帶甲馬　天馬

相應。上格龍主出大將專征伐立
功邊塞中格龍主偏將有功賤格
龍主神壇廟宇威靈。
天馬雙峯峙立一高一低而以天
名者高聳清秀遠貼天表也在午
位尤嘉上格龍主出典大藩方面
之職中格龍主五馬專城賤格龍
主走卒牧馬
勒馬回頭者天馬山有轉脚也若

撥砂八十

勒馬回頭　景帳

旗鼓砂應主武職威名汗馬功業上格龍主出使邊方威武烜赫中格龍主巨富多僕馬賤格龍主牧馬販馬

景帳者水星橫濶摺疊如帳然富龍為帳貴龍則為掛榜山若山頭歪側粗醜巉巗脚又飛斜則為鶏衣百衲已如此砂喜遠不喜近遠則秀近則醜也上格龍主貴中格

馬使出　　　結百衣鶉

龍主富冠鄉邑賤格龍主多娼妓

鶉衣百結即景帳之醜者則其砂體可知

出使馬者馬山之下拖出尖利砂故有遠使之象上格龍主出使外國有功榮顯中格龍主富多僕馬賤格龍主走馬賊冠及木匠

網破馬旗帶

帶旗馬者。馬山之下拖焰動之砂。

如旗飛動也。馬旗在一山者合格。

上格龍主元戎總兵專節鉞立功

勳中格龍主將校多武功賤格龍

主草冠大盜或神廟

破網者破碎折痕粗石雜出主家

業破蕩若泉漏不乾又主疽瘡癧

爛等疾上格龍主武職中格龍主

家業或興或敗及生惡疾賤格龍

琴横　　棺客

主徒刑杖罪。

客棺主喪禍順水而斜。主客死在

外上水者靈櫬家來頭高頭低者

是。若方正則為金箱已上格龍主

為官外死中格龍主為商溺死賤

格龍主全家瘟疫。

平岡眠體木星兩頭微低有似于

橫琴亦曰文星上格龍主文章譽

望富貴雙全中格龍主清秀富足

臺粧　軸玉筒金

而尊嚴賤格龍主好琴而清貧。

方而直長者為金筒方而橫長者

為玉軸上格龍主文章科第祿及

子孫中格龍主州縣左右之官賤

格龍主僧道符法之人。

粧臺者星峯疊擁有似粧臺之象。

龍貴亦出大貴不然只主女子富

貴上格龍主女為妃嬪家因榮顯。

中格龍主女貴賤格龍主女子嬌

妖淫賤

臺山之外。圓峯高出如鏡狀。故曰

鏡臺要星峯圓正適相登對為妙。

上格龍主女為宮妃榮贗一品中

格龍主女受封誥賤格龍主出娼

妓。

杯盤者。小山重疊有似平杯盤之

類也。貧富貴賤家皆有上格龍主

位至正郎為國楨幹中格龍主養

奠 盤 銀 瓶

鉤飲食之人賤格龍主僧道。

奠盤之形橫列者是或有盤或無

盤或開或合皆是上格龍主富貴

兼全中格龍主小富抱養他人之

子賤格龍主墮胎患眼。

銀瓶盞箸皆假借彷彿以名之不

邊為貴秀之尖小峯巒而已上格

龍主貴而上殿捧觴獻壽中格龍

主富盛賓客滿門賤格龍主賣酒

僧道。

斗形多是土星端正而卑或石或
土上格龍主廩膳納粟之官中格
龍主小富賤格龍主為米牙
木杓者乞丐及化緣道人所帶微
柄為穿孔係帶上格龍主富貴多
墮胎淫慾中格龍主淫慾乞丐瘟
瘟賤格龍主出妓婦
柳形一山兩脚重疊有似于枒主

篏砂八十四

枷形抱肩

死罪囚係官災上格龍主風憲衙

門號令軍民中格龍主犯罪枷號

賊格龍主囚獄死罪

抱肩砂大山敧側外有小山居傍

如人相抱狀或有後山轉脚抱前

山其醜尤甚上格龍主富貴淫泆

内亂中格龍主男濫女淫醜名遠

播賊格龍主為娼妓

亂石參差附于山面望之如用針

刺 面 撒 裙

剌面以藥貼面之狀若尖員相射。

又主殺戮上格龍主軍配得官如

漢黥布中格龍主軍配而富賤格

龍主軍配殺戮陣亡。

撒裙者一山數脚飛開如人撒裙

狀上一格主女溫下一格男女皆

淫上格龍主富而滛中格龍主滛

亂濁富賤格龍主婦人好滛為娼

主男子漂蕩

段砂八十五

合　掌　邋　杖

咀咒砂。三山相合。如人合掌然。富
貴達地遇之主為事不合天理。被
人咀咒養堂手觀則吉上格龍主
勢欺作威福人多怨咀中格龍主
兇狠富而遭凶下格龍主僧道看
經念佛。
邋杖有從萬山生下出脚為殺者。
有從山脈落下斷在平地者但須
有邋本山高聳端嚴可為將軍則

卯　船　景　被　蓋　錢

妙上格龍主壽考榮貴中格龍主
富壽良善賤格龍主殘疾墮胎患

眼。

仰船多是土星橫疊之狀橫直皆
可船頭上者吉上格龍主出征外
國兼併土地建立大功中格龍主
江湖幹運興販致富賤格龍主行
商滔賊。

景被蓋錢不與諸山聯接或員扁

堆　錢　庫　樓

或方長四環有裙脚狀上格龍主
富貴兼全中格龍主富冠鄉邑賤
格龍主墮胎惡疾

堆錢山不必泥兩頭有辮索之狀
傲象便是上格龍主富貴雙全中
格龍主富冠鄉邑賤格龍主走卒
簞籍

櫃形較金箱砂罩大稍肥便是小
而清面方正即是金箱巳庫形與

櫃　庫　探　頭

倉形稍異倉形肥澤而高庫則稍
狹稍低皆土星所結也樓則偏火
蓋在土庫之上火能生土火為祿
土為財主貴為大臣家極積厚凡
庫櫃宜逆水飽滿否則為客棺空
倉己上格龍主戶部司財稅之官
中格龍主巨富多蓄積錢賤格龍
主衣食溫飽守倉庫之人
探頭砂者小山在大山外或透出

花　　獻　尸　　流

頭或在傍邊如人斜側窺伺上格

龍主家常有盜失財中格龍主招

賊入屋賊格龍主出冦賊

流尸砂如葫蘆形主溺死上格龍

主為官客死中格龍主名醫發財

及外死賊格龍主溺死順水尤凶

獻花砂兩脚分開中間水坑專主

婦人滛濫縱大貴地如武則天亦

不免風聲上格龍主富貴婦人滛

梯　天　上　懷　攢

濫中格龍主淫婦賤格龍主娼妓。

此砂攲斜尖利抱一小山主抱養

人子或以無子孫淫上格龍主抱

養他人子中格龍主內亂不潔賤

格龍主男女淫奔及癆瘵病。

上天梯者木星聯起層疊有似梯

形高低有序而見仙橋主白日昇

天上格龍主大富貴嘗墮胎不育。

無子中格龍蜈蚣義子目疾墮胎

金　　玉　　鐘　　金

賤格龍主難產。

金星高大者曰金鐘低小者曰玉

釜貴重之器陰陽二宅皆吉上格

龍主文章積業敵國之富中格龍

主人多肥大巨富賤格龍主師巫

神靈。

三台本六星名六符在太微軒轅

上台　華蓋　中台　辛台　蓋

隤砂八十九

星上。泰階平則治道昌此正三台
也若三峯乃三公星也俗以為三
台不復格耳然取應亦與三臺不
甚相遠但不如六符力量尤重玉
髓經云力量又在三臺上六世兒
孫受封餘六代富貴誠大已大抵
此星主重拜褒封世膺顯爵子孫
蕃衍朱紫滿門上格龍主名位極
貴功蓋天下褒膺後昆。

下台華益誥軸

中格龍主位至三品之貴。

下格龍主兄弟聯貴但官不顯。

誥軸砂乃土星兩角高起者長潤
者為展誥狹小者為誥軸兩角高
起中間長潤有水星者為仙橋軸
上生花者尤難上格龍主上應帝
命褒封恩寵駙馬皇親中格龍貴
近天顏下格龍主小貴而富

東湖主云。已上各砂。原本錄在朝
山後樂山前似專在朝上言却不
知各砂前後左右皆可有得的不
可拘定作朝廖金精云大凡尋龍
與點穴。細把前砂別前字是兼左
右與後而言者即龍神亦在砂中
看學者觀人家發福舊地可見而
知也故予錄在撥砂之末云

袁玉書云。砂法不傳于世久已。催官篇歷歷言之。
甚員轉甚活動人讀而不悟者以其拘于一偏也
言吉砂遂指定為吉而不知其有凶處言凶砂遂
指定為凶而不知其有吉處中間旋轉變通之妙。
遂膠柱鼓瑟已于師得傳于淳安又承方太先生
上接廖賴朱蔡之緒畏日久遺忘而作砂水要訣
藏筒數十年四方好學之士不知從何竊去惜竄
以俚語殊非雅觀然而秘旨運用之法不得口授
心傳究不能措施之于巒頭恐或以生人者反為

殺人也予也何幸親炙夫子與聞斯道嘗讀龍來

原有衆山隨穴結自有砂來衞水會亦也要砂關。

所以撥砂難云緩四句歌括涵泳間便不覺四顧。

觸目處皆運用砂法處已砂中之性人不易知砂

外之形目可共瞻如貴人天馬旗鼓印笏等砂皆

有圖可考但圖註中龍格分上中下術士多以六

秀為上淨陰淨陽為中辰戌丑未為下殊不知此

之龍格以巒頭論不以理氣論砂形應驗之重輕

以砂法之生旺煞洩論兼以砂形之或美或惡論

三者相合則龍與砂配而造化在我掌握中矣術
家不知砂法漫為人扦地其心枘何忍哉益不知
砂法則不知點穴不知砂法則不知龍之行止龍
之真偽龍之美惡遂不知貴之輕重富之大小以
及壽夭貧賤吉凶禍福之由李德真言着地有一
大竅正謂砂法也而時術止言水法遂可看地瞞
心昧巳不顧人身家性命故君子直謂之不仁

撥砂終

水歌括引證地圖說目錄共二十四

壽昌北門外洪氏久富地 八頁

蘭溪下余白樹墳世巨富地 九頁

蘇州東洞庭山後文恪公王鏊相公祖地 十一頁

無錫北塢朱氏地 十六頁

蘇州天平山范文正公高祖地 十八頁

天平山後狀元宰相吳寬祖地 二十頁

杭州老龍井王氏巨富武貴祖地 二十二頁

無錫新塘襄吳氏世科甲地 二十六頁

無錫南門外華會元祖地 二十六頁

丁峰後王氏暗消地 二十七頁

無錫東門外黃婆橋朱氏地 三十頁

青山灣口莫巷後朱氏地 三十三頁

無錫錢炳橋許氏地 三十八頁

無錫上舍繆氏地 三十九頁

武進北鄉羹氏地 四十頁

武進寶應寺西吳氏地 四十一頁

無錫西門外吊橋湯氏巨富地 四十二頁

無錫白兔橋消敗地四十三頁

諸暨江東五里亭袁氏巨富地四十五頁

諸暨東山東海大塘袁氏壽地又四十五頁

無錫寺頭楊氏巨富地四十七頁

無錫後圻裏三角井地四十九頁

蘭溪南門外吳景鸞扦半月形地五十八頁

武進後圻頭黃氏鄧庄地六十四頁

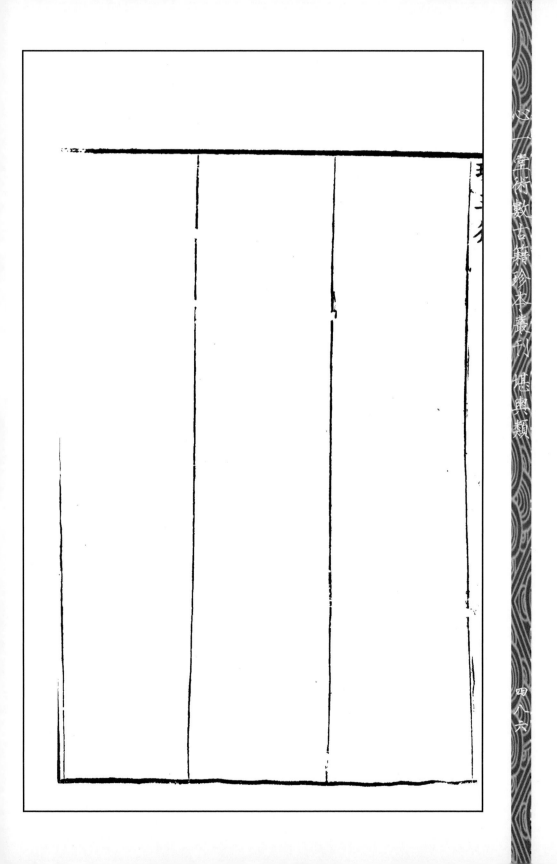

嚴陵張九儀增釋地理琢玉斧巒頭歌括

受業諸暨陳　絲持三庠姓嚴

鑑水歌

　　　　趙　斌方旦　梈姓朱

　　　　趙　溥功成

　　男張廷楨貞木

　　　張廷梃聖木

　　壻蔣徵祥發其同課

受業暨庠袁士麟玉書參訂

龍為根本水為用。兩者由來無輕重。尋龍立穴水為

先詳將要法與君傳。

人皆以龍穴砂水為地理之四用。而四者之中獨

以龍為之首者何益。以龍者根本也。故常觀龍苟

有真來。穴必有真結。穴結之處。砂必抱。砂抱之處。

水必聚。是龍真穴的。而砂水隨之矣。看地之要領

此數句已說盡了。故廖氏曰。地理由來分四用皆

以龍為重。吉凶禍福此中生。須要察情真龍止管

得地氣。或冷或煖。吉凶禍福不能自主。以其靜故

也砂水得天之氣人善承之則吉則福人不善承之則凶則禍以其動故也故周易言吉凶悔吝生乎動或曰龍亦恒動二十四龍不拘其何龍入首時而轉乾又忽轉坤時而入艮又忽入于巽詎曰不動砂水亦靜如巽砂侍側則終古是巽不見其為丙酉水朝來則終古是酉不見其為辰不見其似砂水亦靜余應之曰二十四龍聽龍遂迤至于入首在亥則止于亥入首在卯則止于卯詎非靜乎若夫砂水則變動無方同一卯龍有砂水見於乾亥者

有砂水見于丙午者。同一丙龍有砂水聚于坤申
者有砂水聚于丑艮者。豈非動而難拘者乎唯其
動而難拘則有喜忌分于其間已喜者為吉為福
忌者為凶為禍理固然也地氣靜龍主之。天氣動
砂水主之。天施地承夫倡婦隨不易之理也。此可
知四者之中龍為本也然既曰龍為根本而獨以
水括于龍穴與砂之後者又何益以水者尋龍之
要法也故古人云氣為水之母水為氣之子來水
所以導龍行界水所以止龍住水源有短長而龍

之近遠可卜水勢有大小而龍之支幹可分察水

勢之返彎而朝與穴之主實判于此觀水流之來

去而龍與砂之順逆別于斯至訣至訣故古人曰

未看山先看水真龍落處水聚真穴落處水纏喫

緊話 若有曲流之水定有曲轉之砂此可知尋地

之法水為要也其所以鑑水之法詳見下文

東湖主云有曲流水定有曲轉砂可見水之行止

由于砂也而真龍落處水聚真穴落處水纏二句

實得看水要法

鑑水三

一鑑水論分合　有分有合穴無錯合前合後及兩傍。

氣止水交方可作。

水之分合有三其一自立穴越頂水從上分而合
于穴暈下龍虎內者此一合也名曰小分合此關
係甚大地之有無于此定次自主山起頂水從上
分而合于龍虎外案山內者此二合也名曰次分
合不必苛求自然有的三自起祖分支水從兩分
而會于案山外合從大水口出者此大合水也名
曰大分合此老祖公產業衆家子孫皆有分的不

比小分合自己獨產。然合水又有前後左右之不
同。以下逐層講進。講到妙處。順結者合于前迴結
者合于後。橫結者或合于左或合于右。左右旁合
勝于前合。然旁合又不如後合。蓋前合順局水皆
順去不能收住凝蓄。旁合者水橫過穴前未必皆
入口矣。故古人謂前合襟易得。後合襟難求。以其
汪洋入口。至于後合則番身逆朝。隨龍之水無不
得水之蓄也。總之有分有合。則穴之結作始以真。否
則水去而不合。龍去而不住。其穴結必不真也。此

家玉斧　　　　鑑水四

三合三堂之圖

察水分合為鑑水之第一云。

分　分

分　分

分　分

○內堂合中堂

合

外堂

合

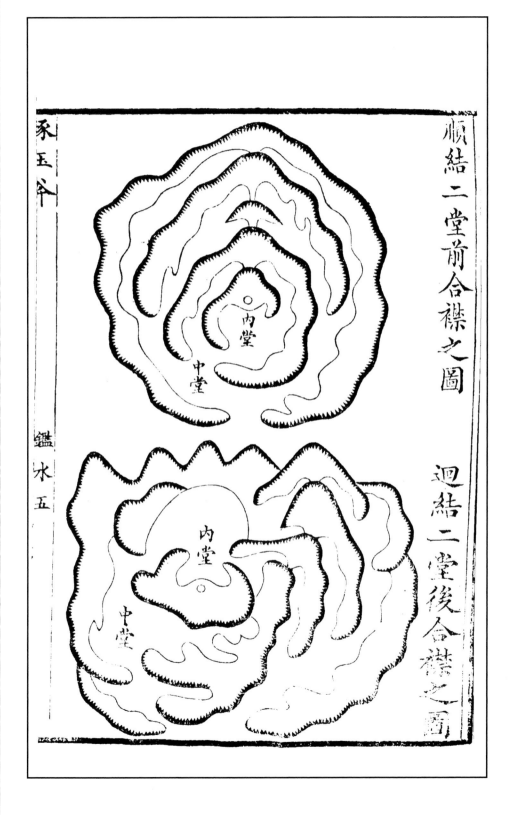

順結二堂前合襟之圖

迴結二堂後合襟之圖

承玉斧

鑑水五

內堂

中堂

內堂

中堂

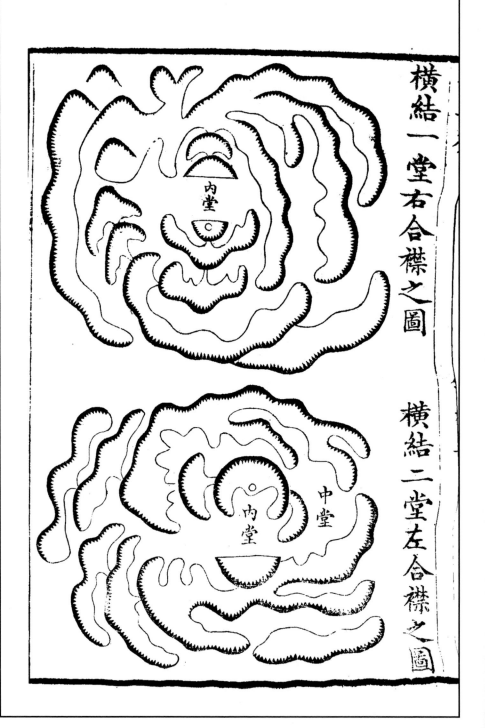

橫結一堂右合襟之圖

橫結二堂左合襟之圖

第一乃順勢三分三合之圖其餘逆勢側勢可依

此類推但堂有三堂水有三合者唯上乘之地方

有此局不可固執若中乘者或二堂或一堂但得

眞水交會亦自結穴故古人云莫道孤陰為大錯

一水到堂俱可作據此則知定穴者當變而通之

勿以三堂為定局故又將一堂二堂左右前後合

襟者備覽焉

二鑑水論結局逆潮橫抱堆金玉次取據水及順流

高山無水共五局今君認局既分明大聚小聚皆堪

朝水局　即逆水局也

朝水之局。乃翻身逆勢結穴以受當面洋潮之水
要穴星高大有餘氣或有低砂橫攔不使水沖割
為吉。又順水流之元曲折或平田洋潮為善平田
洋朝有大田坂朝來。須穴塲緊小以收之固為第
一局。次之者或十多坵朝來再次之者或三五坵
朝來再次之者。或一二坵朝來俱好甚至止有面
前一坵餘即高勦高過眉上四畔圍之穴在低窩。

中之窝上更為得加福大綿遠若急流直沖又反
為凶在山中有溪澗處多犯此病所以不發田坂
中則無慮此唯天穴及仰高穴則不怕遠水特朝
却要到口穴前有小明堂承接之方發不然即犯
穴高水低不入喉之病若穴塲卑弱星辰低小山
不稱水則凶亦有大坂田洋朝盛大而小小穴塲
又卑又弱遞朝以收之者却穴塲兩邊土峰圍抱
遮斷大水止面前見其朝來聚入堂中如此者福
力更大不可一槩謂逆局為吉也此穴又多結于

鑑水七

水口之間。或下關山短縮。亦不為害。是的。但要穴

塲藏聚穴不受風為眞。至言。廖氏云翻身逆勢去

張朝不怕八風搖乃言其龍勢非言穴塲不怕風

搖也。時術嘗于風吹水劫處點穴借口不怕八風

搖予嘗疑之以為風吹決忌的平田之中四圍無

山及入穴塲不覺窩聚藏風方能發福豈可以翻

逆即任風吹。不意此書蚤以辨明誠可謂先得我

心者。卜氏云莫把水為定局但求穴裡藏風則善

矣。總以得水避風為主方可言風水二字。大抵天

家玉斧

理宜順地理宜逆故朝水為至吉如今天理備書

逆逆者享福順者被欺蓋以翻身當潮即陰陽交

會而有融結故也此逆水局所以得福之源也于

此述明千古隻眼

東湖主云逆水局如壽昌縣北門外洪宅祖塋入

首辰氣扦戌向兼乾三分右手寅水入塘墳據塘

水塘外山塢內田源水層層朝穴穴即向之要知

遠遠朝來並非箭射拜至堂下雖水口寬濶立穴

中不見其去總以穴中見不見為主初扦第三房

鑑水八

驟發富甲一邑。後出貢士三代。

至六世仍富以戌乾水

之佳故也。佳以其

長而潮拜非專論

理氣人皆怕戌乾

水見之即要換向以避

之何故艮上止旺砂故出貢長二無砂遂蕭條

但世世剋妻未免為鼓盆殺故也。

橫水局

橫水局龍之結穴水自左來右去或右來左去要
下關有山逆收攔住水口緊密為吉此局極平穩
東湖主云卻要在穴前窩聚為的若徑直過堂則
不吉如蘭溪下余余宅地三房人卯龍扦午向該
的兼丙錯了丙水又來更錯了故第三房絕而長
二之三房皆絕大可畏也二房丁財平平長房巨
富今巳七世矣應寅生人而戌寅丙寅尤美予言
三房既絕而長房發福必有五鬼運財來之應果
然以廉貞水來也此為救貧巧法此地乙辰喜見

水去縈簇聚入之勢有趨歸凝一如搬飯投庫者

員淨而正坤申。

蓄字之要中堂。

妙在靜中可悟。

橫朝而不蓄也。

發微論水本動。

以其來處層次。

而不及長房者。

故二房發丁財。

一

然此水中看巒頭之法。世人何止言理氣而不知
水之形勢為要緊。所以長房巨富且久由此觀之。
長二公位水來不如水去去處水口。又要緊簇不
見其去者為妙。三房之水則欲層層朝拜長而切
注為主。水聚坤申出不見去。應戊寅者坤屬土也。
應丙寅者艮納丙也坤申申沖而戊寅丙寅人發此
至理也。

據水局　即聚水局也

據水局龍之結穴前臨大湖及深潭沉注穴前也。

得貼身下手一砂。關閉甚緊。有雄據一方之勢地
以得水為上水以凝靜為佳此局主大富綿遠。
東湖主云據水局如太湖中東洞庭山之背王文
恪公祖墳是也王文恪公諱鏊一代名儒唐伯虎
題其墓云海內文章第一山中宰相無雙其文章
富貴一時莫並于是覓地者盛傳東山王氏美地。
且述記云鳳皇展翅勢翔翔生人獨立掌朝綱可
惜狀元旗不正他年定作探花郎予聽人言及記
意此地既云鳳皇展翅則穴後來龍定是大蓋幛

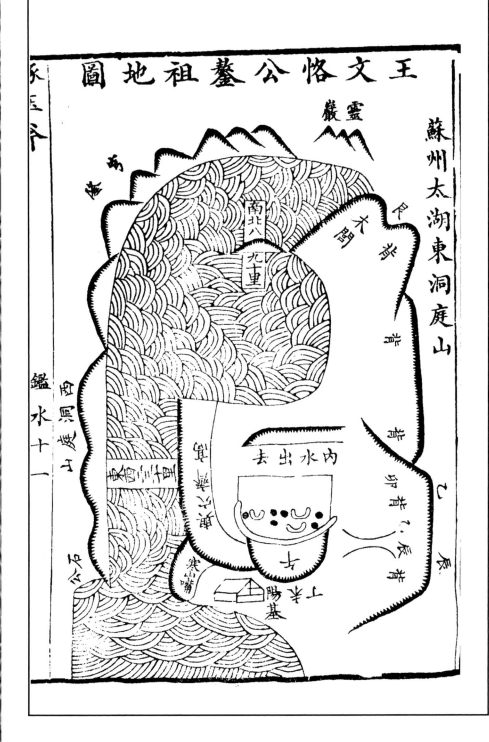

王文恪公祖鰲地圖

蘇州太湖東洞庭山

大飛鷲。大个字。金水太陽體且云狀元旗不正意
旗頭雖斜諒必巽乾峯起不則坤午方高四砂中
定有一砂如旌如旗卓立飄動迨戌寅仲夏渡湖
往西山閱地湖中但見東山面面向東其在西面
盡是山背舟人同道人遙指曰王鰲祖地即在此
山予詰之曰衆山之背人人知忌今產一代偉人
之地乃結此乎數日後偕衆登穴止見穴結太陽
金星並無鳳皇形並無展翅勢前無衵禠後無鬼
樂左手青龍高止齊穴妙在齊穴二字·山脚既收

住內堂小水山頭不高放開天門又收盡西南來

大水內外二水穴中盡收住故富且久龍盡處名

寒山嘴者反向穴背彎入太湖為陽基收水是此

地論東山大勢既在衆山之背論來龍形勢又在

龍身之背唯佇望白虎手來龍高山晶光逼焰此

地得力之重全在高山晶光四字何也以來龍做

催官力既重已而又高大又逼焰力詎不更重耶

而虎砂之背聯過木閭諸山又皆是背即木閭峯

面亦向東惟穴中視縈縈回頭焰顧妙處山山雖

鑑水十二

背山山雖是白虎却山山在太湖下手山山收住
太湖水不使走漏來龍高山落下是乙辰入首太
陽金又是正午穴塲無窩一似頑金無鉗口似少
包裹形如坦腹竟在半臂橫排而葬二十餘塚文
恪公祖父二塚不頂正脈稍偏右邊太偏右去則
主星入坤又不合丁將午龍撥入丁未方巧法扞
丁癸山向兼未丑三分予決之曰此局扞正丁癸
者平平唯此二穴扞未丑撥去穴後午上煞氣巧
法扶起虎山乙砂以作催官巧法方得此山結作

琢玉斧

之全力乙砂乃此方權星要用他做食神始得其
全力此即古仙所云收山法是也既用乙為食神
則主星正午反為殺氣夫正午太陽金係此地尊
星豈可任他為煞只得穴挨右邊撥他在丁未方
上住為生為旺則煞氣乃出此古仙所云出煞法
是也我等餘文不用講但查文恪公之會元中在
乙未或在乙丑則此地之證驗明已隨即下山同
看坊額果中在乙未科世人不知看巒頭真竅便
不知地之融結恰好處在何處即此地論挨左固

牛馬魚雁日月等形即有等形之穴法以扦之合
之形乃畫八方之卦為地理祖凡地有龍鳳龜蛇
家原為形家見此形乃喝此名故伏羲氏見八方
不知己或曰凡地取其意不必泥其形予曰堪輿
鸞頭而揑造鳳與旗是並鸞頭中九星之砂形亦
中撒離取乙以蔭乙未會元之訣并無此鳳與旗
而言展翅無狀元旗而言旗不正非但不知理氣
乎紛紛亂猜俗傳之記乃發福後假記無鳳皇形
不是過于挨右亦不是則此二穴非正在恰好處

則獲福達則敗凶況旗分文武又有方位丙午丁
旗在端門巽辛旗在文章之府寅甲旗在學堂文
館乾旗為天門俱主文官坤為元戈庚兌在白虎
卯為雷門俱主武官至于旗形有狀元旗將軍旗
出陣旗得勝旗以及賊旗降旗俱要明白顯見人
人目睹非鏡花水月可以虛空立說者也此地實
賴乙砂高明旺相得坤元之意乙納于坤也所以
中元中昴甲世人不知此處真竅而假記雜出也
即乎此段議論未得道者亦不知不過借此圖以

為聚水局之一証耳。

順水局　即去水局也

去水局要來龍長遠力量宏大。四勢周密。水口交
固吳公云水雖去而山高回則善若山不交回穴
場見水蕩然直去決無融結不必着眼矣總有融
結決不發財初年不利退盡田廬始出官或離鄉
發貴龍穴稍有不吉主立退敗絶滅無救然有等
海濱之地不以順局為嫌葢以海潮湧入又是來
水也。

東湖主云。水局順流雖由地結。而順而不使之順。
則在人為。古來賴董諸地仙不到江東所以數郡
土術不知點穴法不知地上作法予曾于軍嶂山
之北塢為新安朱氏扦一順水局其地當面傾流
葬下不利予乃在穴前高築一案遮盡去水丁丑
夏為之改葬時即與東翁議定葬後長房甲卯年
四房巳丙年誕生科甲人升作記以誌之三年上
己卯八月十六巳時長房蒼霞果誕一孫推其五
星果命度主化天官應居極品衆親友云當今堪

興皆事後湊來語先生獨預期卜定期至應驗誠
罕見也時蒼霞喜極爰命名曰尚貞貞者正也取
其正而固也予曰官名令祖取乳名先生取爰命
之曰喜官以誌今日應期誕育之喜他年富貴雙
全之喜乃翁文卜曰予自改葬後舉心動念天理
為主陰地既吉正宜積德以培之聽斯言也朱氏
之光大門閭也宜哉
今將北塢朱蒼霞朱景御葬父弱庋暨洪元配地
圖并記附後

此地江右雷劍城。乙丑年扦。但知外貌之巒頭。而

不知巒頭中有理氣。故葬後家業大減人皆危懼。

朱景御同長兄蒼霞邀予言此地未葬人人道好。

葬後近來人人説無予曰此皆信耳不信眼者及

予登山視之曰如此形勢如何説無如此作法如

何説有前朝後樂左龍右虎而且水出龍手即虎

短以讓龍龍長以抱虎而且四房人青龍難得兩

箇今内外二青龍皆太陽金星齊起焰穴如此巒

頭夫詎易得此地之不可説無也無奈地師不知

作法去水任其直流。

又不知巒頭

中之理氣。

故此仲房

先敗四房

巳丙砂退氣。

近身先到亦先

敗長房甲卯砂亦退氣

山頭稍後遲到亦將及巳三房亥砂生氣保守無

虞既不知作法遮攔去水又不知理氣洩退疊收。

吉地凶葬地遂不可言有巳蒼霞曰先生言之鑒

鑒地理人事毫不差爽則此地不可棄乎予曰欲

去此地則從何處再覓如此之地蒼霞景御竭盡

志誠營謀改穴予乃為之築起案砂使穴中不見

水去內改癸山以消砂外仍坤向以納水在仲房

改與不改同歸一轍在三房則丁財十倍于前且

有秀氣而長房之甲卯四房之巳丙皆取退氣砂

變為催官砂是兩房之榮華富貴科第聯芳指日

可見矣時關書議發科甲醉儀千金而巳卯應期
生人二十年後可踐約巳尚有秘記付廷樞藏
又云註言退盡田盧始出官或離鄉富貴此地曾
于蘇州天平山後出范文正公祖墳俗呼范墳萬
笏朝天者見之其地兩邊夾龍水順流直去穴前
龍氣直出落脈又是壬龍應離別鄉土右手乾砂
縈焰應參知政事甲砂巽砂左焰應能文章坤砂
庚砂右焰應掌兵權右肩兼亥應父臺七及有貶
竄之事四圍皆石山黑鉄色天平山在庚方有數

片石稍出頭亦甚平常。

俗術便
呼為萬
笏朝天。

抑思文
正公之
人品事功。

果賴此萬笏乎。

抑在四山砂上之秀

氣所鍾毓者乎。術士不知看地真竅不曉此地妙

處件件印合乃誑語曰此葬文正公衣冠處也又

曰范地之美者尚在平陽處若文正公在平地蔭

出若此地止葬衣冠何以文正公之富貴文章行

事出處適與此地相符合也予閱此地之後遇范

氏裔孫宇文矦者詢之云此葬文正公高祖地予

聞之爽然大快舊地理書皆泛言祖地予登臨時

私念此地不能速發而外人傳言即係祖地心甚

疑之及聞高祖二字乃知地理之不誣如此

此山後發狀元吳寬地與此穴塲龍脈皆是陰囊
出則福澤宜同乃范墳父子實顯富貴久遠者何
也范墳出脈處上有烏石三片以作來勢脈出其
下有湧猛努力之狀且穴前拖出龍去甚長且壯
長則氣長而不短壯則力旺而不弱是入穴處氣
勢較吳穴為盛旺巳而且人立吳穴上四旁之山
固骨立整肅儼然一相府規模人立范穴上四山
拱峙情意專注中窺有一分陽和氣象此處俗術
亦思双之乎陽氣發越所以更加宏大悠遠也然

吳地雖不及范而體格之正大嚴肅亦非平常庸

凡之地可及。

又云范墳陽多陰少吳墳陰多陽少而福澤遂大

有分別是看地非但看形體尤當看神氣學者宜

知吳墳地圖附後以備參考學者當即圖思情而

優劣見焉已天平山背出吳寬狀元宰相穴塲龍

脈與范穴同皆是穿心脈凡結穴之脈有從心胸

出者有從臍腹出者有從陰囊出者皆貴地也古

云脈不穿心穴不貴是也其從山頭落者名貫頂

脈乃為至賤而俗人則

喜以為明白者也。此

地是湊天土屏左。

角乾右角坤左。

手一太陽金在

子右手一太陽金

在巽巽後亦象太陽

金在丙午亦象二字宜

思朝案亦金星形甲卯上。

所注

不遠近。不思。

形字亦宜思。豐員有情予登山見穴後坤申龍從

陰囊出脈扦庚山甲向坐山端嚴衆砂拱立知為

大貴地乃將羅經格其砂位見乾巽坤方皆起似

辰戌未科皆可中元心內狐疑不決及徐視之乾

居末關坤居初關二砂尚未得權惟右手巽砂肥

員端正此四字有力居中關盛旺之地遂直斷云

狀元確在辰年土屏兩角峭起貴應宰相次日到

城查詢狀元果是壬辰科而官至相位云看此地

得看地之竅二其一在理氣乾坤及巽皆禺甲砂

地有一砂便中鸁甲今三砂齊起就中較量初末
二關遂不及中關旺地此理氣中之至竅也其一
在巒頭卯午砂起似皆可發而決在子辰者巽坎
二砂高員俊美力量較勝此巒頭中之至竅也然
此竅也即李德真所云看地有一大竅得其竅頭
頭是道之竅也是故人得真傳方知此竅方知細
看巒頭辨別地之真否若不得傳則心不知此竅
走到地上茫茫然不知從何處看起即卷內所附
諸圖說橫議監論亦唯知竅者方曉其中變化旋

轉之妙。苟大竅不知。則心中之趨向不明。視各巒

頭如口中嚼蠟全無滋味。

　無水局　亦名旱龍局

無水局穴結乾坡山勢盤聚。明堂不見流水也。穴

在高山先貴後富。或清貴不富。然亦有巨富者龍

神帶有倉庫耳。清貴多因山形瘦削。或穴前無掌

心明堂倉庫之在龍神不準。董德彰云有人無財。

須尋倉庫之龍。當云須尋逆水之地。有財無人莫

下孤寒之穴。誠確論也　合仰高山頂現星辰坪

家丘穴

面最為真之句。

高山無水　高三里

局曾在西　遠三里

湖老龍井　浙江水　遠十里

內見王宣　丙

卜祖墳壬　亥穴箭

龍丙向在半

山中間穴前一大坪。水聚坪中左手一獻天金開。

面拱照居七辰三巽之方奴多生少在青龍頭上。

鑑水二十二

辰巽

大坪

平面

向

白虎高五里

遠三里

山脚登穴高一里餘穴前大坪十數畝坐穴中如在平陽

青龍遠一里

應發長房殊左手夾耳。一小太陽金深深彎入塢
內。面前朝錢塘江只見一泓之水又低又遠向上
●●●全空無砂遂吊入二房已予初登山云此大富地
也酉辛命人主文貴庚卯命人主武貴辰戌命人
主巨富而亶卜令弟果已卯命官至副將亶卜在
布政司庫中掌案大小錢糧皆其經手資產大豐
腴。

東湖主云古語高山莫論水平地莫論風二句大
謬俗遂借言平田不怕風吹殊不知凡風吹無關

闌之田葬下定主敗絕。其發福發貴者必前後左
右田塍高起隱隱隆隆環護穴不受風甚有左手
田塍高則發長右手田塍高則發幼之別則平地
最怕風可知矣至言高山不論水任從元辰直出
即便扦葬人家一敗塗地殊不知高山穴面前必
有小明堂小明堂四圍必然環遶將本山水聚入
堂中不使走漏方能發福凡言地理得水為上之
水不單講汪洋流動之水最要緊者穴塲兩腮元
辰水元辰水合在面前蔭注穴塲猶人身精液不

洩。氣血不走漏。自然康健有壽此高山專要水也。

結局不拘大聚小聚

龍之結局有三曰大聚中聚小聚廖氏云帝都山

水必大聚。中聚爲城市墳宅宜居小聚中消息奪

神功誠以百里來龍則有百里規模千里來龍則

有千里規模。故帝都省城其龍長其局廣宜矣墳

宅之龍即長者亦安可比省郡城市。故多是小聚

處山水翕集四勢團近有情真穴即居包裹擁從

之中所謂藏風聚氣是也。不佞多見各處名地内

局繁固外洋寬暢竟或穴中舉無所見遠秀羅列

皆外面暗拱益繁夾則風藏氣聚寬曠則風蕩氣

散也。

東湖主云。琢玉斧龍穴砂水四歌其中反覆議論

橫講豎談都是枝葉上話唯說到多見各處名地

內局繁固八字以至竟或穴中舉無所見八字益

繁夾則風藏氣聚寬曠則風蕩氣微十五字三十

一字乃是一部地理書歸束處益內局繁固舉無

所見者護砂繁夾住也夾住之砂即生福之砂外

面遠秀皆無所用之拱與不拱均不必計。設使外
秀有用何以拋頭露面之穴外秀皆在面前而竟
不一發也。
昧者不察龍力大小三聚之別。徒欲收數百里山
川歸諸眼界必為花假所誤矣。瞎人通病其有依
近省郡山水大聚處結穴者謂之借局。那裏借得
來畢竟自已結一小局的。譬如宰執近臣侍從至
尊雖百辟之來朝萬邦之貢納與已無與。然親接
天顏于咫尺宗廟之美得瞻百官之富得與比之

田舍守財主人迥然不侔巳此借局之地雖小亦

大然必結穴處自有門戶乃可究竟自巳做人家

何常借他大局不然亦虛花而巳

三鑑水看局面大小高低須細辨山小水大不須觀

山大水小休眷戀穴高水低不入喉水高穴低名仰

面論水不向局中評走遍山川空自眇

局面者何言水勢之大小高低貴與穴相稱也山

小水大曰曠山大水小曰窄均非吉局故雪心賦

云山小水大者要祖宗之高厚祖山遠不能敵水

山水小者宜堂局之寬平。正此謂也。穴低水高

劉氏曰仰面水即瀦面水。楊公謂裹頭水主落水

死凶一發而人丁敗絕。穴高水低流從脚下去並

不入口古人謂之暗耗水撥砂云水從脚下低低

溜無錢空自逞風流是也。無錫諸堪輿見一溝浜

水便謂水神不知塌岸老高水身低陷穴塲視之。

止見空溝一條如線如繩正犯暗耗之病切記浙

西江東諸郡浜水居多處。俱以水神灘激放光逼

焰穴塲方能發福若岸高水低犯暗耗病者決不

發今將所見發福地圖之以例其餘無錫西河頭

吳氏世出顯宦皆午未年中其老祖墳土名新塘

裏龍身甚潤喜兩岸皆

高龍乃層層低下左晉

空進一低田此龍身動

處初葬前二穴後葬後

四穴中左穴正當背後

低田田塍得龍氣科甲世代不絕東左穴亦發丁

財者以背後田空得其動氣故也右二穴竟敗絕。

承玉斧　　　　　鑑水二十六

水又彎過左去

水彎外親見不察心應

高丈餘

高二丈餘

田

田

以背後皆潤田癡頑不動則不清也楊救貧言龍

要有束氣束氣要現活動相觀于此地可悟巳面

前酉上蓄水瀰激放光白虎案收佳外曲折去水

案遮不見因未坤稍動所以戌遼彼處又發

又南門外會元華琪芳祖

墳亥龍一線過脈四圍皆

溝浜水至酉上成一池立

穴上晶光炤面壬山兩向

予曰貴人水現光發貴者

亥龍一線

斷在酉丑。果琪芳酉年舉人丑年會元惜丙向侵
午一分遂使酉水稍有破局之嫌新塘裏亦然似

少微水六秀之次者凡

平田龍左右浜水喜現

光浜外田要高起護穴

若浜水低陷浜外田與

穴同平冷退消耗如丁

峰後王姓墳左右浜水界如龍舌至今俗流猶大

欣羨殊左右砂一樣平則無護擁生氣不聚遂日

鑑水二十七

日消乏洪水低陷又其次已。

第四鑑　鑑情意彎曲沉凝方得利不拘江澗及池塘。

水在有情為真地

情意者以明堂水勢與我相向相戀而不反背也。

是故橫如眠弓臀帶去要之元互關來取屈曲朝懷出喜回流反顧或流注于穴前或拱抱于背後或點滴而流來入口或周圍而護衞本身不拘江胡田澗總取有情為吉反是則凶言水之形勢盡

眠弓水圖

齊帶水圖

齊帶者。以其遠抱于左右齊間也。眠弓者。以水過穴前。而彎抱面前也。二者俱為有情故云

圖關五玄之

之玄水者以水之流而纍屈曲者為玄流而大折

大轉者為之水流之玄則砂必互抱古云若有曲

流之水定有曲轉之砂故吉辨之字水玄字水二

形明白

圖之水懷朝

九曲入明堂

當朝宰相

朝懷者當面朝拜入堂也此水易發主朝貧暮富。予嘗謂逆砂一尺可致富朝水一勺可救貧然朝水不謂但發財而已且能致貴楊公云大水洋洋對面朝列土更分茅是也

東湖主云。單水止富楊公所云。必穴塲巒頭雄偉

方能致貴非單在洋洋大水上得也然此圖形是

溪澗水九曲入明堂之形又有平田水朝懷者名

倉板水田塍層層朝來主驟富不拘山壠平陽皆

有之予曾于無錫東門外黃姿橋為朱旦輪兄弟

葬親一地平田來龍層層向東而行左右界浜合

于東南而去原係休寧徐仲燧所閱後邀無錫土

堪輿覆視皆言無地予曰如此美地而言無者非

術業不精即存心不善者也此地宜逆轉向西扦

穴即收本龍身上倉板水且丁財大旺而且速但
此地不獨富旺而且貴顯不識東家欲兼取之欲
單取之而
旦輪昆玉。
惑于俗議。
以為有富
自然有貴。
乃以速發
丁財致屬只得如其意而暫扞之俟後女棺用事

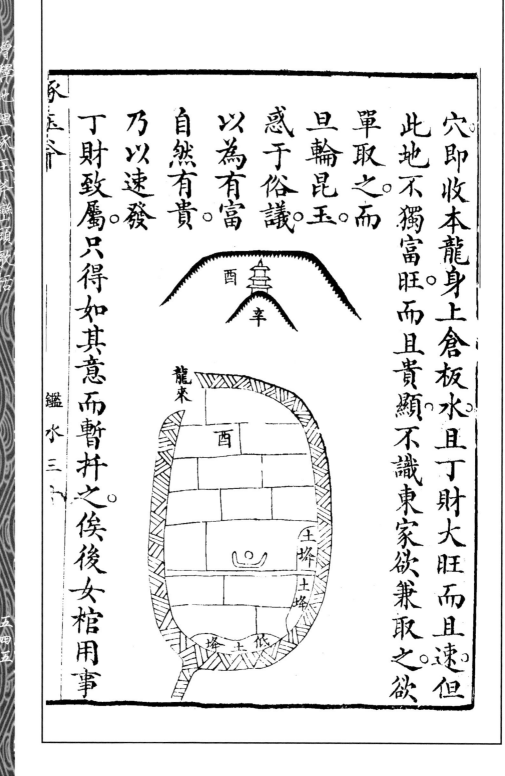

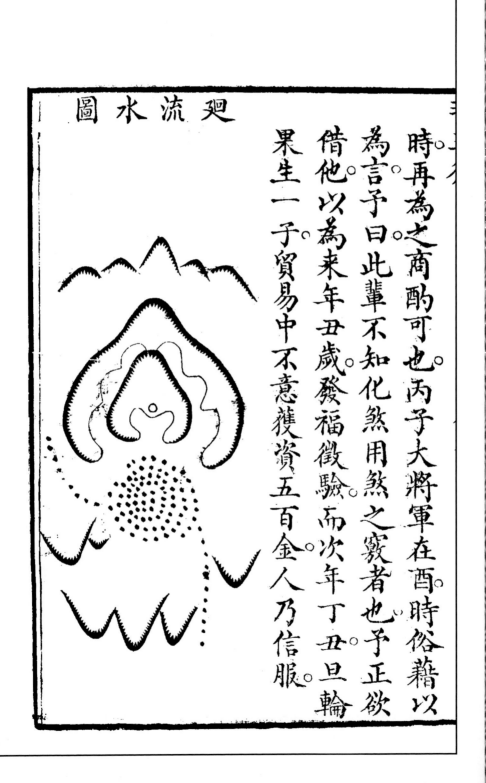

廻流水圖

時再為之商酌可也丙子大將軍在酉時俗藉以

為言予曰此輩不知化煞用煞之竅者也予正欲

借他以為來年丑歲發福徵驗而次年丁丑旦輪

果生一子貿易中不意獲資五百金人乃信服

融瀦水之圖

鑑水三十

廻流者旋轉逆流也葬經云揚揚悠悠顧我欲留

又曰瀦而後洩皆廻流水也蓋必有深潭又有石

山攔截方能逆轉如欲去而復廻之意不拘穴前

及下手地戶皆為吉証

融注者。深水沉聚不流。而莫知其來去也。不拘穴
之左右前後。及水口有此水主巨富顯貴且悠久
切記穴中不見者無用。若龍真穴的。有此吉水。前
砂或不靜亦無害。雪心賦云前案若亂雜但求積
水為奇。

東湖主云賦言大非有積水之池。不妨于無案。若
有案必須方正亂雜便有瑕疵。

天心水二圖開後

此水
聚天
心也
主富

貴

此水
破天
心也
主貧

絕

鑑水三十二

天心者穴前明堂正中處也若有水融聚主巨富
顯貴卜氏云水聚天心孰不知其富貴是也若水
當面穿堂直出謂之水破天心主財不聚而人丁
稀水既直出氣必不聚卜氏云為人無子只因水
破天心是又一說界水淋墓頭亦為水破天心無

子。又一名注脈水又名仰天湖大龍形勢甚強

及到盡頭無穴可下必于未盡之間結為天湖為

注脈水其水注以後去者或復起為案或為官曜

又名真應水言應真龍之結作也龍之秀氣盛

旺之極溢而為泉不拘大小但要澄清甘美春夏

不溢秋冬不竭潴而不流靜而無聲者為是亦名

靈泉圖俱依天心水類雉之

東湖主云水聚天心之地最好亦與前據水局相

似予曾于無錫青山灣口莫巷後為朱景御葬二

承玉斧　　　　鑑水三十三

位室人其龍甚巧其局甚小面前一池饒有靈動

之致庚山甲向

子水進塘辰水

出塘水口一遊

魚塞之平地龍

視塘甚低予為

之鬪開唇口以就水所謂水要喫得著是也。

盪胸者水勢囊聚穴前也其勢頗有似于聚面但

彼以諸水團聚而言此以一水聚來自小而大如

此地雖無大

貴顯而丁財

有數百年悠

久以其局純

田
田
田

鑑水三十三

盪胸水之圖

囊之聚物然。主巨富勢稍侵左則長富。稍親右則

幼富。

拱背者。水纏穴後。即雪心賦云發福悠長定是水

纏元武。是也。主富貴長遠。水能聚龍之氣水纏尤

拱背水圖

入口云者。乃水上堂而有遞砂收攔也。或水縱美
而不到堂或到堂而無攔收皆未盡善故必以入

勝山纏故也。

鑑水三十四

入口水圖

口為貴若遇此水主發福最快但下山既長出收
水。則水勢至此必小反而去初學時術萬不可借
此破之。

衛身水者龍脈奇異忽于湖水中突起墩阜結成
形穴前後左右皆汪洋巨浸如孤月沉江如江豚

衛身水圖

拜浪出水蓮花之類皆以水為護衛水既澄清而
不流以為養蔭比之遠動之水有形沖之勢悲切

承玉斧

鑑水三十五

之聲莫若此靜儔之為美也江河湖海溪澗田洫

藏風聚氣無飄蕩之嫌則有地

此地固喜水之衞身然要人立穴塲力足以勝水

附義于下

海潮水

海之為水四瀆之所聚也水勢既聚則龍勢大止

故凡大幹龍多止海濱而其融結生產王侯富貴

至于潮水之来可驗盛衰潮頭高而色白悠揚最

吉古歌云海水逆潮人愛惜兩浙英雄從此出十

琢玉斧

不潮人嘆息又云江右秀氣在潮水潮白時人

多富貴如崑山縣近數十年前海潮抵其邑者三

狀元亦三應之又泉州沙塞潮河近年開通潮水

抵城而人才盛冠八閩仙遊古潮抵縣故多顯貴

宋初莆田因築木欄陂潮止陂下而貴聚莆陽故

潮關地氣隆替陰地得之最吉如餘姚孫忠烈公

地穴前潮水来會而孫氏滿門朱紫又王陽明先

生祖地在縣西十里穴結平陽穴前水屈曲而去

海潮一起湧入穴前舊有記云封山一地最難求

鑑水三十六

穴落平洋水遠流奇峯隱隱雲霄外文魁天下武

封矦葬後先生父海日公華中成化辛丑狀元官

至南京吏部尚書陽明登會魁正德末官南贛延

撫以平宸濠功封新建伯隆慶初追贈矦謚文成

果符舊記海潮之應如此○決然庚龍入首酉卯兼

辛乙的地

黃河水

天下之水發源遠者黃河為最○故濱河兩涯多為

帝會如洛邑平陽安邑蒲坂是也○黃河上通天運○

關係甚大。故其水四時皆濁若一澄清則為明王
之應諺云黃河清聖人生古云黃河在北四時濁
急風翻浪泥沙惡五百年來一遍清此乃南朝聖
帝生是也。

　　江水

江為四瀆之長。亦諸水之所注也其勢浩蕩必以
彎抱屈曲澄凝為吉故金陵襟帶長江為天下都
會良有以也。

　　湖水

湖水乃諸水注聚之處。汪洋萬頃吳越王錢武肅

時有異人云壩築西湖以建府治垂祚可悠久不

替否則王氣不滿百年王勿聽果九十八年而止。

溪澗水

大幹龍多居江湖河海之旁前已論之矣然行龍

之小幹小枝每結溪澗之間是溪澗水不可不察

也其水必以屈曲環遶注聚深緩為佳若直而大

急溜而有聲峻而跌溙則皆不吉雪心賦曲水來

朝不拘大澗小澗言屈曲之吉也葬書以水為朱

崔者忿激湍謂之悲泣言有聲凶也

平田水

平田水者非水散田中之謂也言田塍遠向平夷
悠緩不沖不射不穿不割不帶凶煞凡地得之最
吉名為倉板水言其屑次朝拜一似倉廒門板然
當面朝来主驟富若左右皆遶向穴塲尤主富盛
戌寅冬在無錫辨安葬許伯誠于宅右當面田水
屑次朝来左右亦然而左手稍高抱来更有情右
手浜水穴中不見主大富

地在
錢炳
橋龍
舌嘴

溝洫水

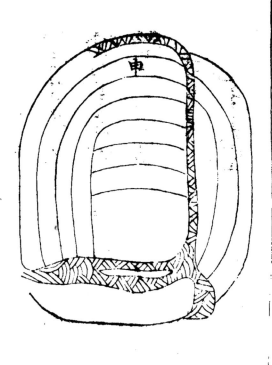

溝渠田洫浜頭水也欲其滙聚員淨光瀲焰穴若

直急割穿撇射無情岸高水低無水可見者凶

池塘水

塘水

池塘之水或方或員或長總以中正彎抱為吉若
歪斜偏反位在凶方謂之照盆煞主少亡古歌云
上塘聯下塘寡母守空房是也原有者不宜填塞
未有者不宜妄鑿前朱景御莫巷後地圖亦即池

第五鑑

鑑堂勢方員平正淨為宜偏斜捲返并陡窒
刼殺破漏總非奇講盡明堂利弊
堂勢不拘方與員總取其平如片紙正而不偏始

琢玉斧　　　　　　鑑水三十九

高窪　高　高

為可貴否則左窄右寬偏在右。

左寬偏在左則勝偏在長房此謂之偏也

丙子無錫同陳掌衡到上舍閱葬祖之地但見其

渙散無收拾予曰此消敗地也因

偕予往左手閱一地只見龍神亦

澗散不緊而堂局則窩下藏聚方

員平正淨五字皆備而又加以緊

簇予曰如此地自然發福擇地必

須如此人何為貪曠蕩而嬈狹小也掌衡曰此繆

姓地也葬有八九年初葬時人不以為意目下但
見歲歲增產千餘金不知其他堂局之偏者曾于
武進北鄉見一奚姓地龍氣亦不
甚緊接但穴塲田較明堂田高一
二尺明堂低而平正有含蓄意左
手天門開暢田水層層朝入堂来
前案高田隱隱豐隆高于明堂之
田三四尺稍稍彎抱有情拖過到
水口與穴塲下手之田交合收住

左首來水仲房遂發富以青龍手水仲子管也

斜者不方不員而歛斜如帶燥帶蕩之類是也

捲者捲簾木也左高右低曰左捲簾主長敗右高

左低曰右捲簾主小敗穴前一級低一級當面傾

瀉不見案砂攔阻曰中捲簾三子同敗而中子為

尤甚

凡遇地犯左右捲簾無藥可救唯中捲簾有案砂

收住主中房發福曾于武進寶應寺西手一吳姓

地見之余初到地見此堂勢云此地最利者第二

琢玉斧

田撇稍高收水

高三四尺　又低五寸　低五寸

高一尺　低

青龍稍斜長房遂窮

房。東家云。二房絕了第三
房田產資財皆葬後發者。
余因地出準繩之外則不
穩確遂默然不語同伴適
問其令兄何年死東翁言
其年正月兄死八月父死
冬底葬此地者同伴乃爽
然則葬此地時應以三房作

然大笑曰。二房絕在先。
二房已地理何嘗錯蔭。

返者悖逆之象當穴宜彎拱抱身而反突拗返背

主逆妻拗子悖叛之奴或離鄉死亡何凶如之

陡者穴前峻急也主損人丁招惡死飛禍縱是真

龍好穴亦退敗後始發詩曰傾瀉明堂不可安穴

前陡進不彎環縱是真龍能發福賣盡田盧始出

官正謂此也

返與陡穴前見之主大不利殊無錫外吊橋湯宅

之墳乃犯此二病穴在土峰之頂頂上開一平面

金星此結地之根也然穴點在背上背後又是坐

言弓範穴確肖

出處是丙巳得貪武二水又立酉山卯向兼辛三

空全無鬼樂而面前陡峻自上走下行路有五六

尺高自行路走下水際有三四丈

高面前既陡峻隔水土埠之案其

高止與行路相等外砂又不關蔽

河水以弓背向穴兩頭彎出如此

形勢乃葬下初年即發丁財冠一

邑隨發二鄉科者何也揆厥由來

穴踞突頂竟得龍氣水來自艮丑

分此其所以為美也

窒者窒塞之謂堂中有阜突塞而不舒暢也楊公

云出人短小氣量狹只為明堂有案山此句詞不

達意明堂有案山則氣緊穴煖為何不利不利者

以其開塞不開也　吳公云明堂塞人凶頑是也產

難目疾抱養填房亦有貴地墩阜前塞者終覺開

明舒暢

刼殺者明堂中砂尖嘴順水或射入穴中也明堂

諸水聚處欲其平正若有尖砂順水則主退財離

鄉軍冤尖而射穴則重刑煞陣士惡死吳公云劫

殺照破全無地順水斜飛無躲

避若然尖射入穴

來忤逆刑戮須

切忌是也

劫殺之砂其類甚多今

以所見者言之如無錫北門外姓胡者卜地在白

兔橋亦知逆水局為福殊穴塲非結穴之形基地

已是虛弱而來水河中生尖嘴竄砂分明是劫煞

水來
順
水去 地

葬胡 君楊

本卷八 鑑水四十三

退田筆也。余觀之云。逆朝水。似可發。無奈退神重

大森利此。初學堪輿者之所為據穴場觀之亦無

地者也。鬭之果六七年家業退盡。

破者破碎之謂。或突或窟。或尖或石。而不淨不平。

是也。主百事無成。禍盜疊出少亡孤寡之患及招

圖賴性命之非。事業退敗此堂最凶。

漏者漏槽穴下傾漏直深如槽也。不拘有水無水。

皆謂之漏槽。主傾家蕩產少亡禍敗。亦有真龍結

為鉗釵穴。與漏槽相似。宜細審之。若果真是融結

琢玉斧

其下定有唇氈可證。

第六鑑緊與寬內堂要緊外宜寬內緊發速誇指曰。

外寬忌曠也須關。

此論明堂有內外緊寬之別也穴暈下龍虎內為
小堂龍虎外案山內為內堂案山外羅城內為外
堂廖公曰凡是穴前夷坦處便是明堂位此句宜
着實記凡看新舊二地俱要留心舊地必有此方
發福新地必有此必有此方為真地大抵明堂原
有三取用必相參小明堂在員暈下立穴辨真假

鑑水四十四

至訣至訣。龍虎外是中明堂交會須消詳。大明堂
在案山外必須四水會李淳風稱三堂為三陽者
以其所瀦者水。而水性動故也。故曰明堂古人曰
內堂容臥側外堂容萬馬故內堂不可太濶太濶
則曠蕩界穴之水渙而穴氣必不聚矣外堂不可
太狹太狹則局促隨龍之水短而龍氣必不長矣。
故前賢曰明堂如銅鑼又曰明堂如鍋底此指內
堂言也曰明堂如片紙曰明堂通走馬此指外堂
言也知此則知明堂寬緊之宜矣

東湖主云。註中明堂如銅鑼家富積錢。禾吾于諸
暨五里亭見之。此地審波章碩甫看出新城童俊
升點穴龍與穴確然無疑甲戌年葬用乙山辛向。
戌乾壬子坤申水朝乙山消砂則得己辛向納水。
局法不合庚辰三月余為改正戌向化諸水為貪。
巨輔武吉何如之。而戌乾水當面洋朝拜來約長
半里許語云辰龍戌水廣田庄富堪敵國多稅糧。
則異日第三子數十萬之富可預卜者袁子玉書。
資性過人精舉業因于乙卯方堆砂以扶之。

諸暨縣江東五里亭袁宅太極園地圖記

白洋尖
斗子岩
胡公臺
戌向
塔庄北

田
田
田
田
地

又明堂是大塘。
立穴水涯為據。
水局余辛巳春。
正偕陳持三偶。
步諸暨東山得。
一四金相照地。
令堂作壽域圖
為索玉書丹書
記。

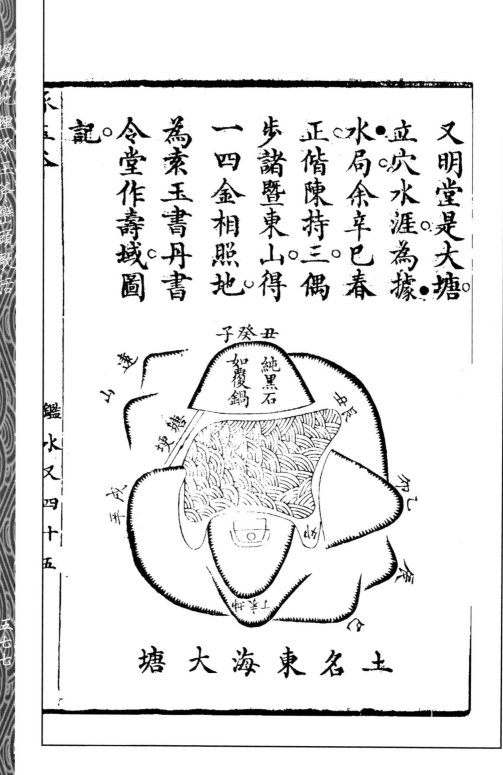

土名東海大塘

此地犀牛望月形。立塘埂視之甚爲確肖。以龍從
東來特起潤石頂舉身旋轉向北勢如牛形在丁。
未方俯觀穴塲朝山太陽金形如覆鍋光員在坎。
癸方與十五六望月無異右手龍身分來特作虎。
砂在乙卯方左手從龍背分來縈彎抱穴在辛戌。
方正與東洞庭王文恪公祖塋同一作法然王墳
止一乙卯砂而甚顯貴此四砂每塊生旺並起即
不敢上擬文恪而福力亦未可淺測也玉書既在
門牆余以此地界之補太極園之所不足者。

黃妙應禪師博山篇云堂之廣狹隨龍長短龍遠

堂寬斯爲正法畢竟大了龍近堂小形勢乃宜速

發而悠欠山谷寬好是的平陽狹好是的當狹而

寬便爲曠野風飄氣散當寬而狹是爲窒塞亦不

失爲田舍翁寬狹失中眞氣不發無氣何以爲地

寬不至曠狹不至逼這樣明堂是爲全吉果然得

中又曰小明堂穴前是中明堂龍虎裡大明堂遠

朝內此三堂四水聚水上堂穴即是低平窪方向

處此六字至正不易之則要藏風要得水二者全

鑑水四十六

氣便聚氣聚穴良可喜氣不聚空坦夷○此六字嚴

郡之大病又曰其中最重唯中明堂鎖結要備○

曾相全山腳田岑關插重重氣不走洩福自豐隆○

凶語得竅又曰其勢四平高下分明中低旁起屈

曲迴環橫的也好直的也好員的也好方的也好

區的也好長的也好總要端平皆吉堂也又曰忌

有凶山忌有惡石忌有土堆墮胎瞎眼忌長荊棘

忌作亭臺忌多種植忌路沖射大忌的忌水湍激

大忌的此皆論明堂之要旨也廖金精明堂入式

歌宜附此。

束湖主云凡發福祖墳同一龍同一向。同一水法。
葬二三十塚乃發福者止一二塚餘俱衰敗貧絕。
何也辨之之法以砂之得躔失躔砂之緊焰鬆焰
辨之固不待言而于中尤有極簡捷極巧妙處在
看明堂其法一眼觀去看他堂中多流動之情者
若其中有一穴凝靜端方便發福已又一眼觀去
看他堂中竟端正方平其中若有一穴流動含蓄
者便發福已更有奇者如無錫寺頭楊姓發富祖

鑑水四十七

珍玉卷

地同一明堂。六七十畝大而右手靠浜勿有田一

畝餘者低一二尺。近穴止六七丈而古塚一二十

穴不知其何穴發。

富余靜　寺頭楊

視之但　宅屋右

見其向　祖墳發

大堂者　富地圖

指為有丁無財向

低下小田者向三分着則發福三分向六分着則

發福六分稍過右肩則向着七分者乙卯中一武

榜明堂關係大矣哉

東湖主云凡地明堂貴近不貴遠貴淺不貴深貴

小不貴大而前後左右之砂亦貴近不貴遠砂形

貴中等高穴止一二丈離穴亦止一二丈不貴高

大而遠高大而遠則發福遲不能救急然與其高

而遠不若近而高逼也明堂止半畝一畝者為佳

二三畝即嫌其大若大至五六十畝百畝未有不

消敗者也 奈人不以為畏而反以為喜逆水局大

鑑水四十八

至七八畝亦不妨。此段議論字字度世金針。

又云平陽田中明堂未有不八九十畝百餘畝大
者而發福之家穴前必有一小明堂所謂穴暈之
下小明堂是也。余甲戌春為無錫江陰巷周畹九
葬母在巷之東頭土名後圻裏三角井一片荒地
原是牛磨作坊堆積牛糞之場且旁築客厠余曰
此地田水朝拜層層有情且地塥之下有一坵小
田又低五六寸隱隱靠着地塥此發財最速地也。
初葬人人皆以牛糞客厠為言至臘底畹九到寓

致謝言昨晚舉一子。先生造墳之佳兆也余曰出

外數年回家○

生子後生家○

分內事但此○

地財更遠發○

宜進京舊東○

家去自有際○

會蜿九開正

即便起程冬間寄回銀二百餘兩○

自後尊翁在家買田置屋歲歲加增五六年來塚

頂上登臨者並無虛日非但羨其金多且以為可

貴顯而牛糞客厠竟不言及可見小明堂之造福

為更速也其竅實在開口之法上

第七鑑鑑水城金水土城是吉星若逢火乂并木直

水城逢此不堪親

水以城言謂水外之砂抱之而羅列如城也其不

即曰羅城者重在水也亦分五星金水土星吉木

火星凶

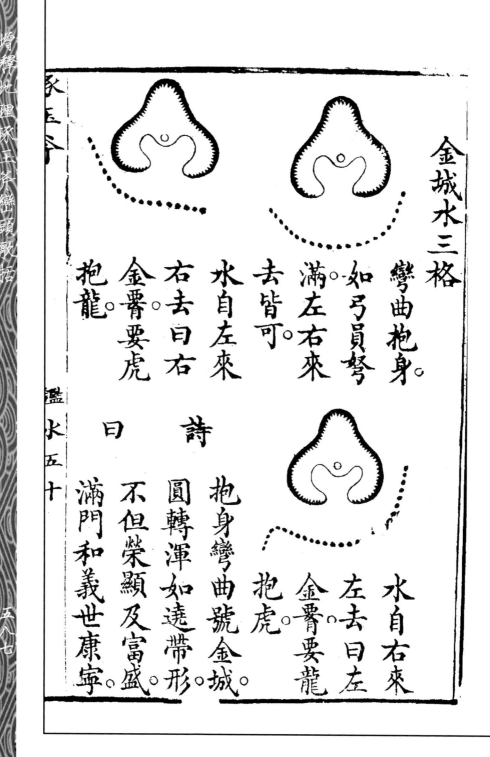

金城水三格

彎曲抱身。

如弓員弩

滿左右來

去皆可。

水自左來

右去曰右

金臂要虎

抱龍

水自右來

左去曰左

金臂要龍

抱虎

抱身彎曲號金城。

圓轉渾如遠帶形。

不但榮顯及富盛。

滿門和義世康寧。

詩

曰

琢玉斧

覽水五十

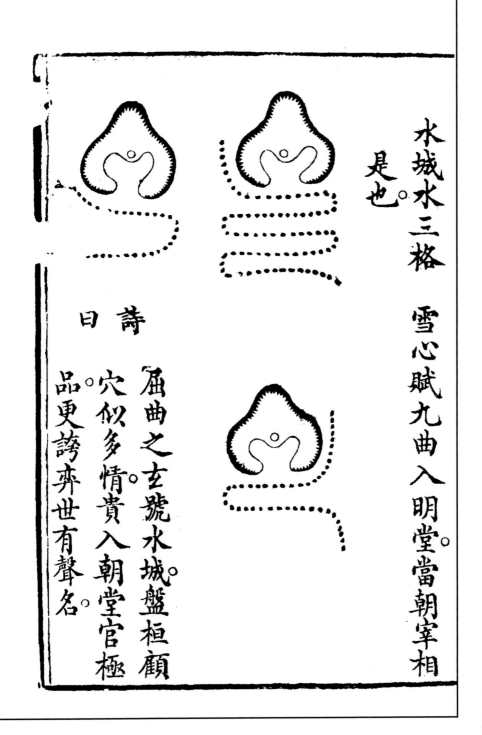

水城水三格　雪心賦九曲入明堂當朝宰相
是也。

詩
曰

屈曲之玄號水城。
穴似多情貴入朝堂官極
品更誇弈世有聲名。
穴似多情貴入朝堂官極
水城盤桓顧

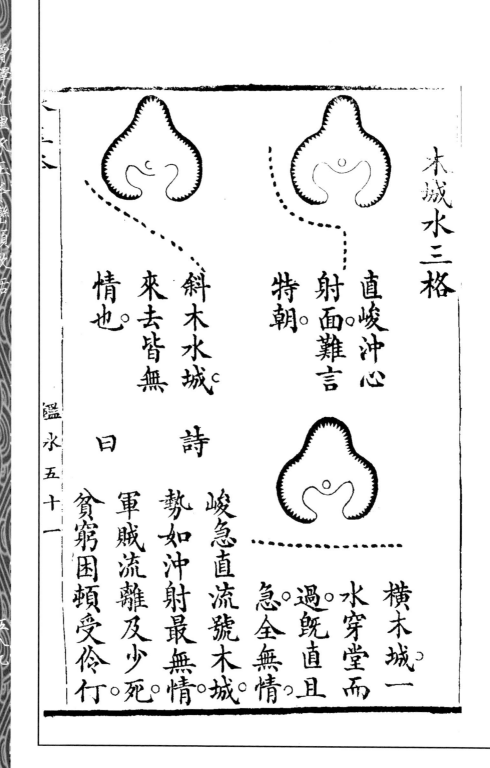

木城水三格

直峻沖心
射面難言
特朝。

斜木水城。

來去皆無
情也。

詩

曰

橫木城一
水穿堂而
過。既直且
急全無情。

峻急直流號木城。
勢如沖射最無情。
軍賊流離及少死。
貧窮困頓受伶仃。

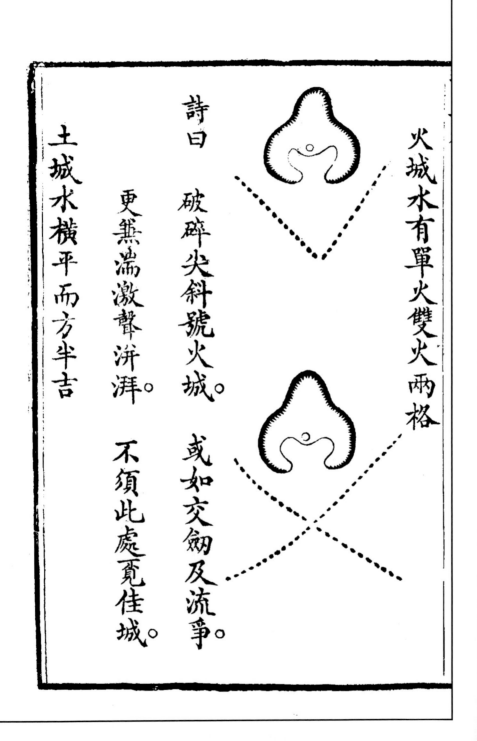

火城水有單火雙火兩格

詩曰　破碎尖斜號火城。　或如交劍及流爭。

更慊湍激聲洶湃。　不須此處覓佳城。

土城水橫平而方半吉

丞三下

詩曰　方正橫平號土城。　有凶有吉要詳明。

悠揚深瀦知為美。　爭流響峻禍非輕

背城

五星皆有背城地理以向背定吉凶水既背去其

凶可知求其庶幾者唯水星得半吉亦須龍真穴

鑑水五十二

金星背城

水星背城

正方可。雪心賦云撞城者破家蕩產背城者拗性
強心是水城不可反背明已然亦有不拘正理者
如無錫西門外吊橋湯姓祖墳如金反城而發者
想以艮來丙去合貪狼吉水則亦吉也。

木星背城

火星背城

水星背城

火星背城

土星背城

詩曰　五星水城背皆凶。　乃與反拗捲簾同。

縱饒龍穴砂齊美。　終主兒孫徹骨窮。

水城詳義

土星背城

凡水城固以金城水城屈曲彎抱者為吉。木城火
城土城直沖斜折橫平尖撒者為凶。然其間吉凶

亦須有辨如金城彎曲抱身或繞過穴即搬擺反
去水城屈曲朝入或將到堂又峻急有聲此皆不
得謂之全吉其直沖朝入與斜來橫平尖搬者或
穴前有低小案山遮蔽不見而去勢又復盤旋環
遠則亦未可遽為全凶故論水者又當詳辨之不
可忽也若夫裹頭割脚反挑漏腮刧背穿背流泥
分流等格皆凶不可救斷然不可用者諸格詳列
于左。

此水直沖至近穴有小墩

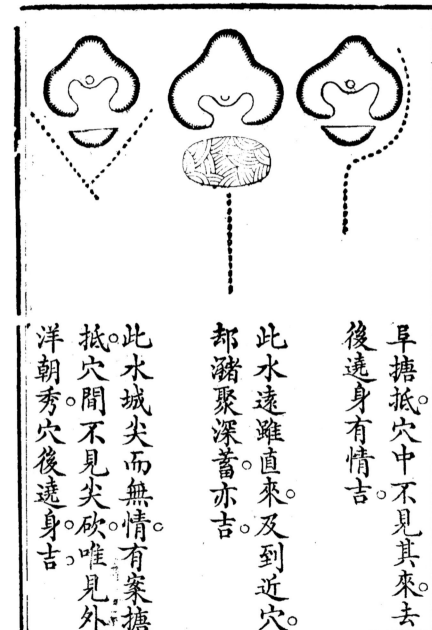

洋朝秀穴後遶身吉

抵穴間不見尖砍唯見外

此水城尖而無情有案塘

郤瀦聚深蓄亦吉

此水遠離直來及到近穴

後遶身有情吉

旱塘抵穴中不見其來去

鳴珂者水入田窟或入
石竅滴瀝有聲如鳴珂
也雪心賦云鏊鏊洞洞
響而亮者為吉張子微
云別有　　　鼓鏊
鏊闢如擂鼓是也此主
貴究竟有聲不若無聲
之為妙

反弓
逆挑
似為
不吉。

鏊水五十五

穴無龍虎。而水城挨脚洗割。

名裏頭水主瘟疫貧絕。

穴前無餘氣水坑割脚橫過。

主貧絕。　若上聚穴則又喜

之氣摊于上也。

此水出局被外水打斷水急。

主刑殺官訟左長右小前仲

不吉門戶不關故也。

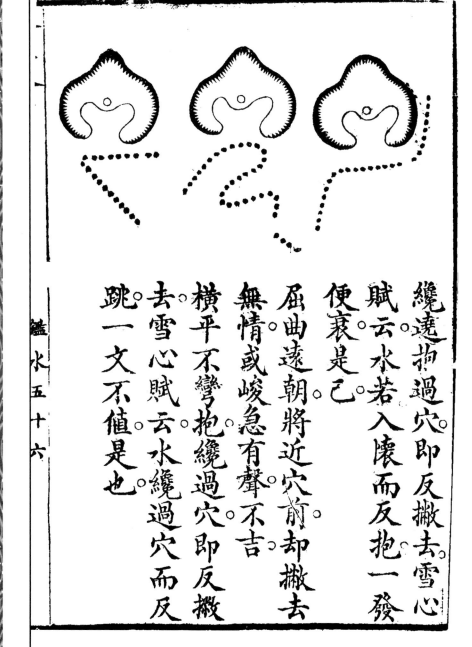

繞遠抱過穴即反撇去雪心

賦云水若入懷而反抱一發

便衰是己

屈曲遠朝將近穴前却撇去

無情或峻急有聲不吉

橫平不彎抱繞過穴即反撇

去雪心賦云水繞過穴而反

跳一文不值是也

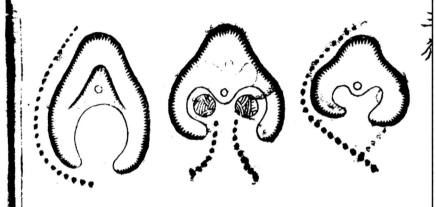

此水斜來無情朝穴後卻遷

抱初代不利。

漏腮水穴之兩旁開發泉竇。

清冷長流也只一旁亦是主

家業敗退却掠殺戮男女痔

漏之應。

却背者穴後無樂水沖却背

後而來也橫結穴切忌然蘭

谿半月形小坑水流穴背吉

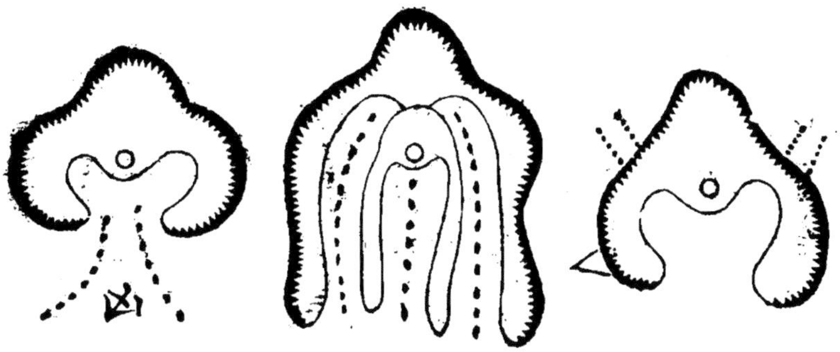

穿臂者。坑坎。路陷。皆主不吉。穿左為穿龍臂長禍。穿右為穿虎眼幼禍。主淫亂。縊死孤寡。

流泥者。穴前水傾流。砂又隨水飛去也山水奔流失井離鄉。

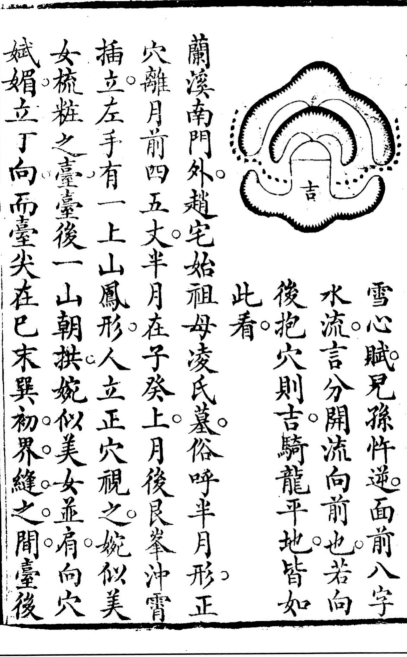

吉

雪心賦兒孫忤逆。面前八字

水流言分開流向前也若向

後抱穴則吉騎龍平地皆如

此看。

蘭溪南門外趙宅始祖母凌氏墓俗呼半月形正

穴離月前四五丈半月在子癸上月後艮峯沖霄

插立左手有一上山鳳形人立正穴視之婉似美

女梳粧之臺臺後一山朝拱婉似美女並肩向穴

斌媚立丁向而臺尖在巳末巽初界縫之間臺後

美峰正乙稍後一員峰乃正卯時始祖主簿公知

長子該絕乃諭葬

長子于凌墓之傍○

二房殺人問軍是

殺外生內我殺人

之訣青龍巽前卯

後○是殺內生外人

然我故知長房要

絕今富貴者俱軍籍

文戀相公仲房父也長絕仲承之法如此而食煞
之內外先後大小遠近之法即此圖可悟然穴後
半月生旺砂又近且係龍身本主不比客砂二房
蠶巳發也至扞穴之妙人皆慕月葬入魄內明堂
平正俱絕唯東手月角一穴子孫富貴而凌母正
穴傳聞吳景鸞仙師扞乃于右手月角流下要著
眼低平要著眼動折處更要著眼頂脈扞之更要
着眼明堂狹小田水稍偏而背後澗水沖突不以
為忌過西三丈逆收脅水朝臺尖者不發要看何

既再出向南者止發丁財。要看何故方長學問。而

總不及正穴者何益立于正穴處半月緊緊貼焰

妙貼焰已妙。即加緊焉何妙如之。青龍砂顏開情

切。開字切字要緊。畧一移步大勢無多差此處宜

細心。而四旁情意不甚眷戀專注已不甚二字辨

得細微而一與一廢遂判于此危矣哉。此喫緊要

訣也。

第八鑑 鑑明暗明沉暗注兩般參不拘前後及左右。

總為穴用莫胡談。

明沉者。凡水之來于當面及明堂之結于穴前者

皆是也暗注者凡水之隱隱暗朝及明堂之結于

左右穴後而不見者皆是也予謂凡地明沉有用。

暗注無功。內堂中堂可見者多外堂可見者少蓋

以三堂俱結于穴前而可見者乃順勢順局方有

之其力量反不重以其順則水不收也即前一鑑

永三分三合圖其餘橫結斜結迴結等穴大堂多

有暗注于左右穴後者穴中但見中堂小堂大堂

注左則發在長注右則發在小穴注後則三房同

發即三分三合圖後之四圖可悟。

第九鑑論開開來處宜開去宜開此極淺近易知之
事卻極關係緊要之事水口不怕鎖千重龍在城中
聚真氣水口緊則龍氣自然聚低愛禽羅砥水間高
喜北辰聳天際或得獅象臥水邊或得捍門兩邊峙
地戶有此實為奇其中應主王矦地
明堂固為來水所聚水口尤為去水口
云登穴看明堂取他平正團聚入山尋水口取他
緊如葫蘆喉　誠重之也常觀大地之結或印浮水

一面好的。或禽居水口。好的。或天開地軸之橫攔好
的。或華表捍門之雄峙。好的。或日月鎖龍喉。好的。
或北辰鎮地戶。好的。無非取其砥柱狂瀾交牙截
水而已。故楊公曰。朝餘直出作水口與我後纏兩
相湊左右合緊來。交牙截斷水不流不放一山一
水走此四句最明白。此可知水口之以緊密為要
也。陝之三門蜀之灩澦吳之金焦浙之赭山門皆
大水口。

第十鑑辨水質悠揚瑩淨這四字可愛。方是吉若還

混濁及腥污。龍虛穴僞非眞的。

水鍾氣而流于地氣吉水吉氣凶水凶。故辨水之

質而可知穴之眞僞也

　　　悠揚水

水之源流長遠。瀦聚穴前其來有起其止有合非

若雨集溝澮乍盈乍涸之水

東湖主云水莫妙于元辰兩腮水緊在口中若貪

洋洋大水口噎不着反屬虛假

　　　清潔瑩徹水

清潔者。清淨不汚濁也。好。瑩徹者。澄清而明。燭鬚
眉也。好。此有氣有本之水。凡得地者須如此。

　　沮洳水

地間嘗濕視之不見有水踐之鞋履皆濕或是石
砂裡如死牛皮不問四時常有濕汗或掘鑿坑坎。
春夏泉流秋冬枯涸常是汗濕浸淫張子微云沮
洳水乃是山龍氣衰脉散。四字大可畏也。如人受
病氣不通而血妄行婦人則為崩漏男子則為痔
瘻皆原于氣衰血滯說得極是。

臭穢水

腥穢之氣不可聞。明堂內經云。血濃出泉腐臭成

疾年泓猪澤汗污濁黃主瘟主疫家道不昌痔漏

疾瘓子孫沙亡陰陽二宅皆忌之。的確語。

泥漿水

之或至没脛滋滋浸漬嘗有泥漿此地脉疎漏主

乾濕地也得雨則盈雨霽則涸望之似可揚塵踐

客死捑尸人衰財散多招痼疾此等地方甚多

十一鑑鑑流泉須識體泉遇最難唯有香嘉堪証穴

外此諸泉總是間。

醴泉

醴泉者泉味甘如酒醴也。禮緯云王者刑殺當罪。賞賜當功得禮之宜則體泉出鷁冠子曰聖人之德上及太清下及太寧中及萬靈則體泉出瑞應圖曰王者醇和飲食不貢獻則體泉出飲之令人壽此聖王德感神物之來非偶爾也。

嘉泉

嘉泉者其味甘其色瑩也亦曰甘泉澄之愈清混

之難濁。春夏不盈。秋冬、不痼暑涼寒煖。四時瑩徹。

大富貴地。方有此應亦名真應水陽宅有此居民

飲之富貴長壽一方多慶。

香泉

香泉其色清。其味甘而且微香。比嘉泉更美者吳

景鸞飲婺源朱夫子官玩嶺下泉。知有翰墨香主

理學名臣享祀千秋。

冷漿泉

其味淡其色混其氣腥春夏溢秋冬枯乃龍氣萎

顑地脈疎漏所致。陰陽二宅遇之。非但此方無有

富貴仍主瘟瘟長病焦悴滅絕

　黃泉。

水入地中謂之水落黃泉。浮砂之地龍氣虛耗非

唯不結陰地居民亦貧困無聊神靈鬼昧所都。

又有一種地坑深水低止見坑形不見水色亦名

水落黃泉。又有一種漏泉點滴滲漏又有理

氣家四大黃泉以寅申巳亥為四生子午卯酉為

四旺。辰戌丑未為四墓墓庫水為黃泉黃泉水到

堂主少亡孤寡橫禍絕嗣然此家理氣世人無不

用之玉尺

經云庚丁

坤上是　土

黃泉言

甲山癸　峰

山忌未

水來乙丙

須防巽水先言壬山辛山忌辰水來甲癸向中憂

穴中止見未

水巽水餘俱

不見土名鄧

庄在後圻頭

東南上三里

許

田　田　田

見艮。言庚山丁山。忌丑水來。辛壬路上怕當乾言

丙山乙山。忌戌水來。總是亥卯未局。則以未為黃

泉巳酉丑局。則以丑為黃泉寅午戌局。則以戌為

黃泉申子辰局。則以辰為黃泉也。而予曾見武進

橫林內後圻頭黃姓祖墳亥龍丑壬山丙向右手

田溝中有一路未水到堂予言此未水最利世人

嫌其亥龍見未水為黃泉然而自予視則未為貪

狼水艱于得子者逢亥卯未年生其弟曰果然吾

兄生八女唯巳未生一姪男予曰非獨此也更要

掘藏得橫財其家人鄰佑皆曰果得三次藏銀初

次在夾衖中得一棺木二次花樹下得一砡三次

樓梯下得一砡但銀雖得却不敢用初發一千買

布花即現二大人身作祟時祝云花一回家即行

補還遂賺一千以償之黃泉水得利如此世人何

為畏之也　總是不得用之竅徒畏何益

　　湯泉

即溫泉也世言硫黃在下故其水沸熱或曰礜石

在下大抵龍之旺氣融而為泉泉而沸熱則其氣

發散巳。楊公云。凡是濕泉莫尋地。真陽溫厚化為

水滔滔泪泪日夜流且是水口無關開然有一種

冬溫夏涼名煖水者又多出富貴

　　礦泉。

龍脈氣鍾于礦泉流紅色粘滯。是謂紅泉氣鍾于

礦而為世寶豈復能結陰地。他時礦利發洩必致

掘鑿傷毀。

　　銅泉

形類胆汁又名胆泉其水可浸鉄為銅龍脈盛旺。

氣鍾于泉已。

湧泉

泉自地中湧出。起泡濆沸。或為勝境仙宮神鬼所棲之地。如杭州西湖内。玉泉池。虎跑泉。山東趵突泉是也。

濺泉

竅出如射。冷冽異常。此至陰殺之氣所發。

没泉

水從下漏。虚竅中。潛通他所。陷弱之地。與水落黄

泉同○

　　冷泉

清流冷冽乃受極陰之氣詎能融結造化玉峯寶
○
傳云漏泉冷泉濺泉紅泉兩乳及明堂皆不宜有○
○　　　　○　　　○
痔瘡病醜家儲竟有○

　　龍湫泉○

孕育蛟龍之窟旱歲祈禱輙應如雁蕩山大龍湫
小龍湫之類諸暨五洩亦是○
○

　　瀑布泉

水從萬仞飛瀉潑落懸崖微風搖動。如水晶珍珠

簾幕。又如掛劔。如擲布帛武夷天台雁蕩匡盧諸

名山皆有陰穴大者亦主出將相然亦必遠在水

口。

廖金精嘗水法

君如看來流洋洋水如不定口難嘗山間須識城

門水清澈好色還馨香水碧香甜定出貴便有大

地居此內初口甜時吸口淡貴氣已過福祉暫大

地恐被人葬了陰陽山水無再犯初飲香時再飲

甜。當有富貴應他年。初嚐甜時開口吞舍唇似辨

為君分先出武臣後出富武藝人精多倉庫入口

旋舍開口苦豐有賢豪居此土含吞香甜吐酸澀。

去一程神廟側下手掬水清且香嚴冬沃之如

溫湯瀰在水面滄滄響此去數里龍潛藏水若冷

時濯在手鉄礦銅山燃不朽六月淡時發氣餿其

鄉富貴那能久山高水碧神仙地平陽碧水公侯

墟。白水流時近寺觀清白交流文武居井水紫白

文儒生水浮紫氣公侯位白氣起時應孝子忠臣

天寶經

烈士同一類。水浮黃氣風吹寒紫氣橫波堆滿瀾。

及有貴氣橫其上富貴金銀堆如山良辰莫認溪

頭氣當恐濕霧浮其間教君時把茶瓢試浮漚裏

面不須看君如把病莫嘗水口苦舌酸不可湌

袁玉書云看地之法龍穴砂水四端而水為輕故

居第四觀西北帝王將相聖賢仙佛大地皆無水

可見也明已即淮揚吳越水勝之鄉俗士競言水

法不知究竟結穴之塲唯砂是憑今之言水法者

多家唯賴太素窺見造化之源知萬物之生不生

鑑水六十八

六一三

于一生物必兩乃以河洛為準而用淨陰淨陽法。

益河洛之數天地自然之數也諸家紛紛立說各

出已見禍福之應半是半非者以其人也而非天

也天道自然化生萬物安可以人見參之如大小

元空四大水口及洪範等說皆以人見窺測造化

非以天道自然者任運造化也近日地理源真一

書始言生旺必入墓庫及地有不合文庫而發者

則轉言文庫及地有不合文庫而發者則又轉言

墓庫轉輾遷就二三其說惑世誣民莫此為甚而

反多悅誦其書者何哉蓋造化中有奇必有偶無

偶不成奇朱子言生物必兩者以兩偶數也法取

二奇為偶故唯奇配奇偶配偶乃得兩數若奇配

偶偶配奇便止奇數不能成兩何以化生萬物曾

見人物之生有有父而無母者乎太素能窺造化

之源而作催官篇吾師又窺催官之源而逆便讀

歌源清則流清所以山川在堂頭頭是道即砂法

亦從造化之源處探討出來布于巒頭並非以人

見參之太素濬其實于前吾師詳其法于後則賴

公大有裨于民生而吾師為賴氏之功臣從可知

巳況水法中更有巒頭宜細觀看歌括言之甚詳

習堪輿者能洗刷胸中諸偽書以此等巒頭揆以

賴法則造福斯世也大矣

坐高水益

宇宙間事惟堪輿最重亦惟堪輿最難上而祖父下

而子孫俱于是焉保之其重也何如上而天文下而

地理俱于是焉備之其難也何如在昔朱蔡廖賴諸

儒類皆負瑰奇絕特之姿堪輿一道確有正傳所以
登山地之富貴貧賤大小久暫皆如燭照而數計今
之業堪輿者心靈目巧不逮古人萬一而又渺無眞
傳唯襲浮游不根之譚為一身射利計舉仁人孝子
思覓地以妥前人垂後嗣者往往為若輩迷惑顛倒
其貽誤可勝道耶余守先人遺訓習舉子業不及留
心堪輿因痛祖父窀宅未獲吉壤乃于教授生徒之
暇盡發地理書周覽而切究之四方術者秘本必手
鈔錄探其原委方以為有得已比登山閱地乃書自

書而山自山。且書與山符而袞敗者有之。山與書背
而發祥者有之。竊謂朱蔡廖賴之學必不若是。隨讀

嚴陵　九儀張夫子乙卯所刻四彈子書見鐵金玉

三彈子字字珠璣。固與他書逈別而鉛彈子所闡發

一本尚書周易諸經困思地理當有眞也時與及門

袁子玉書沈潛及覆心竊嚮往者久之庚辰春正擬

負笈相從而先生適至以敝庠右齋　蔣老師有姻

親之好也袁子玉書敬迓館內余再拜進四十數年

碩慕之誠今茲得遇敢問巒頭理氣運用之說云何。

先生曰。理氣非巒頭。巒頭不確巒頭非。理氣不靈世之假
術偽書皆泛駕焉不知形氣合一之旨惑人而人不
悟因出乙亥所刊砂水要訣已卯增釋琢玉斧巒頭
歌括示余曰巒頭理氣運用之法盡此矣。余與王書
發而讀之寢食俱廢者累日憬然大悟曰人知龍穴
與砂有巒頭豈知水中亦有巒頭人知龍穴與水有
理氣豈知砂中亦有理氣此間確旨非同時術浮游
不根之談方恨親炙之晚而縣西三十里予友趙子
方且伯仲稔知先生昔年在義烏余李數家葬地點

穴。出人意表。隨扦隨發。獲福甚速。心中渴仰已久。聞

責臨迓而迎去。自春徂夏。登臨間吉凶禍福如睹因

慨至道難遇遇不得傳終身若盲已遂招余同執贄

受業焉嗣是得聞至道偕我同人覆驗古墓地之有

無大小久暫皆瞭如指掌向之曰巒頭自巒頭至此

言巒頭便得運用理氣之法向之曰理氣自理氣至

此言理氣便得運用巒頭之法乃知地理自有眞也

孟冬　文宗臨郡歲試畢袁子請曰砂水要訣理氣

書也既公世矣增釋琢玉斧歌括巒頭書也獨不宜

公世耶先生曰。爾志如此宜得吾道也。遂先玉書參

訂而付諸梓我師瑰奇絕特之姿直逼古人五經百

家言無不熟讀講貫遇試輒冠軍堪與正傳實得于

淳安。又承方太夫子復不憚閱歷仙跡考證而圖

註之凡。所以收山出煞運用之機顯示篇中俾千百。

年不傳之秘旨恍如暗室一燈朱蔡廖賴之學庶幾

復傳世之有志者誠合今刻琢玉斧巒頭歌括與前

砂水要訣兩書沉潛反覆熟究其理之所以然知巒

頭理氣合一而不離別乘氣立向始不致自懼以誤

鑑水卷終

人也斯則我師與我諸同人之深望也歟。

康熙辛巳仲春望日門人陳綵謹跋

黃鳳山刑

心一堂術數古籍珍本叢刊　第一輯書目

占筮類

序號	書名	著者	提要
1	擲地金聲搜精秘訣	心一堂編	沈氏研易樓藏稀見易占
2	卜易拆字秘傳百日通	心一堂編	秘鈔本
3	易占陽宅六十四卦秘斷	心一堂編	火珠林占陽宅風水秘鈔本

星命類

序號	書名	著者	提要
4	斗數宣微	【民國】王裁珊	民初最重要斗數著述之一；未刪改本
5	斗數觀測錄	【民國】王裁珊	失傳民初斗數重要著作
6	《地星會源》《斗數綱要》合刊	心一堂編	失傳的第三種飛星斗數
7	《斗數秘鈔》《紫微斗數之捷徑》合刊	心一堂編	秘珍稀「紫微斗數」舊鈔
8	斗數演例	心一堂編	秘珍稀「紫微斗數」舊鈔本
9	紫微斗數全書（清初刻原本）	題【宋】陳希夷	別於錯誤極多的坊本　斗數全書本來面目；有
10-12	鐵板神數（清刻足本）——附秘鈔密碼表	題【宋】邵雍	無錯漏原版　秘鈔密碼表　首次公開！
13-15	蠢子數纏度	題【宋】邵雍	打破數百年秘傳　首次公開！　蠢子數連密碼表
16-19	皇極數	題【宋】邵雍	研究神數必讀！　密碼表　清鈔孤本附起例及完整
20-21	邵夫子先天神數	題【宋】邵雍	研究神數必讀！　附手鈔密碼表
22	八刻分經定數（密碼表）	題【宋】邵雍	皇極數另一版本；　附手鈔密碼表
23	新命理探原	【民國】袁樹珊	子平命理必讀教科書！
24-25	袁氏命譜	【民國】袁樹珊	民初二大命理家南袁
26	韋氏命學講義	【民國】韋千里	民初二大命理家南袁北韋
27	千里命稿	【民國】韋千里	北韋之命理經典
28	精選命理約言	【民國】韋千里	命理經典未刪改足本
29	滴天髓闡微——附李雨田命理初學捷徑	【民國】袁樹珊、李雨田	命理經典最淺白易懂
30	段氏白話命學綱要	【民國】段方	民初命理經典最淺白
31	命理用神精華	【民國】王心田	學命理者之寶鏡

編號	書名	作者	說明
32	命學探驪集	【民國】張巢雲	
33	澹園命談	【民國】高澹園	
34	算命一讀通——鴻福齊天	【民國】不空居士、覺先居士合纂	稀見民初平命理著作
35	子平玄理	【民國】施惕君	發前人所未發
36	星命風水秘傳百日通	心一堂編	
37	命理大四字金前定	題【晉】鬼谷子王詡	源自元代算命術
38	命理斷語義理源深	心一堂編	稀見清代批命斷語及活套
39–40	文武星案	【明】陸位	失傳四百年《張果星宗》姊妹篇 千多星盤命例 研究命學必備
相術類			
41	新相人學講義	【民國】楊叔和	失傳民初白話文相術書
42	手相學淺說	【民國】黃龍	經典 民初中西結合手相學
43	大清相法	心一堂編	
44	相法易知	心一堂編	重現失傳經典相書
45	相法秘傳百日通	心一堂編	
堪輿類			
46	靈城精義箋	【清】沈竹礽	
47	地理辨正抉要	【清】沈竹礽	
48	《玄空古義四種通釋》《地理疑義答問》合刊	沈瓞民	沈氏玄空遺珍
49	《沈氏玄空吹虀室雜存》《玄空捷訣》合刊	【民國】申聽禪	玄空風水必讀
50	漢鏡齋堪輿小識	【民國】查國珍、沈瓞民	
51	堪輿一覽	【清】孫竹田	失傳已久的無常派玄空經典
52	章仲山挨星秘訣（修定版）	【清】章仲山	章仲山無常派玄空珍秘
53	臨穴指南	【清】章仲山	
54	章仲山宅案附無常派玄空秘要	心一堂編	門內秘本首次公開 沈竹礽等大師尋覓一生未得之珍本！
55	地理辨正補	【清】朱小鶴	玄空六派蘇州派代表作
56	陽宅覺元氏新書	【清】元祝垚	簡易·有效·神驗之玄空陽宅法
57	地學鐵骨秘 附 吳師青藏命理大易數	【民國】吳師青	釋玄空廣東派地學之秘
58–61	四秘全書十二種（清刻原本）	【清】尹一勺	玄空湘楚派經典本來面目 有別於錯誤極多的坊本

編號	書名	作者	備註
62	地理辨正補註　附 元空秘旨 天元五歌 玄空精髓 心法秘訣等數種合刊	[民國]胡仲言	貫通易理、巒頭、三元、三合、天星、中醫
63	地理辨正自解	[清]李思白	公開玄空家「分率尺、工部尺、量天尺」之秘
64	許氏地理辨正釋義	[民國]許錦灝	民國易學名家黃元炳力薦
65	地理辨正天玉經內傳要訣圖解	[清]程懷榮	秘訣一語道破，圖文并茂
66	謝氏地理書	[民國]謝復	玄空體用兼備、深入淺出
67	論山水元運易理斷驗、三元氣運說附紫白訣等五種合刊	[宋]吳景鸞等	失傳古本《玄空秘旨》《紫白訣》
68	星卦奧義圖訣	[清]施安仁	與今天流行飛星法不同
69	三元地學秘傳	[清]何文源	
70	三元玄空挨星四十八局圖說	心一堂編	
71	三元挨星秘訣仙傳	心一堂編	
72	三元地理正傳	心一堂編	
73	三元天心正運	心一堂編	過去均為必須守秘不能公開秘密
74	元空紫白陽宅秘旨	心一堂編	三元玄空門內秘笈 清鈔孤本
75	玄空挨星秘圖 附 堪輿指迷	心一堂編	
76	元空法鑑批點本　附 法鑑口授訣要、秘傳玄空三鑑奧義匯鈔 合刊	心一堂編	
77	元空法鑑心法	[清]曾懷玉等	蓮池心法 玄空六法 門內秘鈔本首次公開
78	姚氏地理辨正圖說　附 地理九星并挨星真訣全圖 秘傳河圖精義等數種合刊	[清]姚文田等	
79	蔣徒傳天玉經補註	[清]項木林、曾懷玉	
80	地理學新義	[民國]俞仁宇撰	
81	地理辨正揭隱（足本） 附連城派秘鈔口訣	[民國]王邈達	揭開連城派風水之秘
82	趙連城傳地理秘訣附雪庵和尚字字金	[明]趙連城	
83	趙連城秘傳楊公地理真訣	[明]趙連城	
84	地理法門全書	仗溪子、芝罘子	巒頭風水，內容簡核 深入淺出
85	地理方外別傳	[清]熙齋上人	巒頭形勢、「望氣」「鑑神」
86	地理輯要	[清]余鵬	集地理經典之精要
87	地理秘珍	[清]錫九氏	巒頭、三合天星，圖文并茂
88	《羅經舉要》附《附三合天機秘訣》	[清]賈長吉	清鈔孤本羅經、三合訣 法圖解
89－90	嚴陵張九儀增釋地理琢玉斧巒	[清]張九儀	清初三合風水名家張九儀經典清刻原本！

編號	書名	作者	說明
91	地學形勢摘要	心一堂編	形家秘鈔珍本
92	《平洋地理入門》《巒頭圖解》合刊	〔清〕盧崇台	平洋水法、形家秘本
93	《鑒水極玄經》《秘授水法》合刊	〔唐〕司馬頭陀、〔清〕鮑湘襟	千古之秘，不可妄傳匪人
94	平洋地理闡秘	心一堂編	雲間三元平洋形法秘鈔珍本
95	地經圖說	〔清〕余九皋	形勢理氣、精繪圖文
96	司馬頭陀地鉗	〔唐〕司馬頭陀	流傳極稀《地鉗》
97	欽天監地理醒世切要辨論	〔清〕欽天監	公開清代皇室御用風水真本
三式類			
98-99	大六壬尋源二種	〔清〕張純照	六壬入門、占課指南
100	六壬教科六壬鑰	〔民國〕蔣問天	由淺入深，首尾悉備
101	壬課總訣	心一堂編	
102	六壬秘斷	心一堂編	過去術家不外傳的珍稀六壬術秘鈔本
103	大六壬類闡	心一堂編	
104	六壬秘笈——韋千里占卜講義	〔民國〕韋千里	六壬入門必備
105	壬學述古	〔民國〕曹仁麟	依法占之，「無不神驗」
106	奇門揭要	心一堂編	集「法奇門」、「術奇門」精要
107	奇門行軍要略	〔清〕劉文瀾	條理清晰、簡明易用
108	奇門大宗直旨	劉毗	
109	奇門三奇干支神應	馮繼明	天下孤本　首次公開
110	奇門仙機	題〔漢〕張子房	虛白廬藏本《秘藏遁甲天機》
111	奇門心法秘纂	題〔漢〕韓信（淮陰侯）	奇門不傳之秘　應驗如神
112	奇門廬中闡秘	題〔三國〕諸葛武侯註	神
選擇類			
113-114	儀度六壬選日要訣	〔清〕張九儀	清初三合風水名家張九儀擇日秘傳
115	天元選擇辨正	〔清〕一園主人	釋蔣大鴻天元選擇法
其他類			
116	述卜筮星相學	〔民國〕袁樹珊	民初二大命理家南袁北韋
117-120	中國歷代卜人傳	〔民國〕袁樹珊	南袁之術數經典